Les Syndicats

Médicaux

PAR

Camille GORET

DOCTEUR EN DROIT

HENRY PAULIN ET Cie, Éditeurs

24, RUE HAUTEFEUILLE, PARIS

1904

Les Syndicats Médicaux

Les Syndicats

Médicaux

PAR

Camille GORET

DOCTEUR EN DROIT

HENRY PAULIN ET Cⁱᵉ, Éditeurs

21, RUE HAUTEFEUILLE, PARIS

1904

AVANT-PROPOS

L'origine des syndicats médicaux est d'une date assez récente. Officiellement on les fait à peine remonter à une douzaine d'années en arrière. C'est en effet la loi du 9 novembre 1892 qui leur a donné l'existence juridique ; mais la chose n'était point nouvelle.

Le développement des syndicats médicaux n'est pas d'ailleurs un fait isolé ayant sa raison en des circonstances particulières ou spéciales à la profession. Les syndicats médicaux sont nés des transformations politiques, économiques et sociales du siècle dernier et se rattachent au grand mouvement associationniste, qui, dans les diverses catégories industrielle, commerciale et agricole, a poussé les individus à lier partie entre eux et nous a donné les syndicats professionnels, les bourses du travail, les mutualités, les trusts, les cartels.

La profession médicale a été entraînée, en effet, dans

l'évolution profonde du dernier siècle ; elle s'est, au frottement social, par imitation des tendances collectives et par réaction, commercialisée et démocratisée (1), perdant son caractère sacerdotal et libéral d'antan. La vieille forme coercitive de la corporation et de la confrérie, la forme mutualiste plus récente du groupement de prévoyance et d'assistance y ont fait place, comme dans les autres corps de métiers, au syndicat professionnel libre, organe de défense et de lutte.

Défense, lutte, c'est bien là le caractère dominant du syndicat moderne, sa raison d'être même. Les paisibles associations d'assistance et de mutualité, écloses au début de la crise économique, ne tardèrent pas à devenir impuissantes.

Il ne suffisait plus de venir en aide aux médecins vieux ou infirmes, à leur veuve, à leur famille. Les grandes entreprises financières d'un côté, de l'autre surtout les puissantes associations ouvrières enrégimentaient la clientèle du médecin, dictaient leurs lois,

(1) « Les médecins doivent donc être prêts à garantir leurs intérêts économiques, étant comme les autres hommes des travailleurs vivant de leur profession. » Discours du Dr Séailles, alors secrétaire général du Syndicat des Médecins de la Seine au Congrès International de Déontologie médicale, 1900. « La loi de l'offre et de la demande règne : ce n'est plus aujourd'hui le client qui vient chercher le médecin, mais le médecin qui offre ses services au client. » Dr L. Gouruchox. Bulletin officiel du Syndicat des Médecins de la Seine, 15 octobre 1898.

imposaient des tarifs réduits, dérisoires, faisant du médecin un fonctionnaire, un salarié à leur merci.

Seul le syndicat revêtu de la personnalité civile et des droits conférés par la loi du 21 mars 1884, pouvait lui permettre de lutter à armes égales contre la coalition des collectivités qui de plus en plus l'enserrait.

Introduction

Les Associations médicales avant l'organisation des Syndicats.

L'Association porte toujours la marque des circonstances qui l'ont fait naître. Les hommes se groupent par
besoin pour se défendre et s'entr'aider, suivant tel ou
tel mode déterminé eu égard à l'ennemi du moment.
D'autres ennemis, des conditions différentes font naître
d'autres associations auxquelles il faut que les premières
bon gré ou mal gré passent la main. Dans nos sociétés
modernes, le mode est imposé par la législation : elle-
même résulte des circonstances, mais évolue moins
vite, elle n'enregistre que de loin en loin le progrès
accompli, consacrant seulement un état de chose exis-
tant déjà en fait, sorti peu à peu de l'évolution lente,
du travail latent des foules.

Ce mode juridique, à peine établi dégénère souvent,
car la règle de droit qui continue à gouverner des conditions qui ont changé, produira des effets tout différents de ceux en vue desquels elle avait été créée, son

application se trouve faussée, déviée, son esprit ne subsiste plus (1), un autre mode devient nécessaire.

Les associations médicales ont varié sous la forme juridique même qu'elles revêtaient. Il convient donc de rechercher les faits qui ont précédé la fixation du type syndical et en ont déterminé la contexture.

Les Associations médicales avant la Révolution.

Sous l'ancien régime, au moyen âge surtout, la loi chôme. C'est la coutume qui triomphe et elle n'est bien souvent que la loi des empiétements successifs par le plus fort sur le plus faible ; dans chaque ville, les corps de métiers se retranchent dans la corporation pour défendre leurs intérêts communs ; les statuts approuvés par le roi deviennent de véritables lois, à l'abri desquelles chacun peut travailler, et le serment religieux qui, dans ce siècle de foi, était le lien le plus solide, leur donne une grande force.

Les médecins suivent la loi commune d'organisation, leurs Facultés et leurs Collèges, réglementés par des statuts acceptés par tous, sont de véritables corporations ; le banc des anciens et le banc des jeunes correspondent aux classes de maîtres et de compagnons, et la thèse que doit soutenir le candidat docteur est le chef-d'œuvre du corps de métier.

(1) Voir J.-Paul Boncour. *Les Rapports de l'individu et des groupements professionnels*, page 63.

Cette corporation n'est d'ailleurs pas la moins jalouse de ses privilèges ; elle est fermée comme les châteaux forts du temps, avec leurs créneaux et leurs donjons entourés de fossés et de ponts-levis, et les batailles qu'elle livre aux corporations plus ou moins similaires forment presque toute son histoire.

Au XVIIᵉ siècle, on trouve en France deux Facultés de médecine rivales : Paris et Montpellier.

La Faculté de médecine de Paris qui prétendait à la supériorité s'intitulait : « *Facultas saluberrima medicinæ Parisiensis*, et encore : *Veteris disciplinæ retinentissima* (1). Cette Faculté très salubre, dont saint Luc était le patron, était en même temps conservatrice à l'excès et jalouse de ses privilèges. On connaît les luttes qu'elle engagea et les procès retentissants qu'elle soutint pour la défense des intérêts professionnels contre les corporations rivales des chirurgiens du collège de Saint-Côme et des barbiers de la corporation du Saint-Sépulcre. Les barbiers qui étaient « envoiez querre par nuict a grant besoing, en deffaut des mires et surgiens », ne se renfermèrent pas toujours strictement dans les limites qui leur étaient assignées par l'édit de Charles V du 3 octobre 1372 : « Application des emplastres, oignements, bosses, apostumes, playes ouvertes ». Les chirurgiens jurés leur intentèrent un procès comme outre-passant leurs droits ; mais ces barbiers se mirent sous la protection de la Faculté qui leur promit son appui

(1) Rambaud. *Histoire de la Civilisation française.*

par décret du 10 septembre 1592. Les médecins avaient de leur côté quelques sujets de mécontentement à l'égard des chirurgiens qui faisaient un peu de médecine. De nombreux et interminables procès s'engagèrent et c'est seulement le 7 février 1660 que le Parlement donna gain de cause aux médecins contre les chirurgiens et que, comme le dit Gui Patin, saint Luc fut plus fort que saint Côme. »

La Faculté devint un des grands corps de l'Etat, elle exerçait la médecine légale devant les tribunaux, la police médicale dans tout Paris, la surveillance des chirurgiens et des pharmaciens (1). Le gouvernement la consultait sur les industries relatives à l'alimentation publique, la falsification des denrées, la répartition des eaux de la ville et les épidémies.

Son cadre était rigide, obligatoire ; sa forme solennelle. Les médecins étaient obligés d'assister en robe et en bonnet pointu à l'enterrement des confrères et à la messe de saint Luc, où le grand bedeau donnait lecture des statuts.

On distinguait à la Faculté le banc des anciens et le banc des jeunes. Son doyen élu par elle était profondément respecté (2). En entrant en fonctions, il jurait d'agir énergiquement sans partialité contre ceux qui exercent illégalement la médecine ; de ne pas faire de réunions privées, mais de convoquer tous les docteurs régents ; de garder précieusement le livre des statuts,

(1) Rambaud. *Histoire de la Civilisation française.*
(2) A. Corlieu. *L'Ancienne Faculté de Médecine,* p. 100.

de n'y rien ajouter ni retrancher, sans le consentement des docteurs régents convoqués en nombre suffisant.

L'article 74 de ces statuts, homologués en la cour du Parlement le 19 avril 1751, portait que « nul ne pourra exercer la médecine à Paris, s'il n'est reçu licencié ou docteur dans cette Faculté, ou s'il n'y a été admis à la manière accoutumée, ou s'il ne fait partie du corps des médecins royaux ».

Au point de vue professionnel, elle a posé certaines règles de Déontologie, notamment elle a décrété, le 24 août 1675, que toute injure envers un collègue entraînerait une amende de 15 livres pour les ornements de la chapelle ; elle a décrété encore la privation absolue de ses émoluments et même l'expulsion de la Faculté à l'égard de tout membre qui aurait accepté des consultations avec des médecins étrangers, ou qui, par un intérêt sordide, aurait osé chercher à supplanter un collègue *ægri curam ambire ausus erit* (1).

La Faculté de Montpellier se croyait plus ancienne que celle de Paris et prétendait au moins à l'égalité. Ses docteurs étaient chevaliers, et ils revêtaient pour soutenir leurs thèses la robe de Rabelais.

En province la corporation des médecins s'appelle collège, son organisation est semblable à celle des Facultés.

À Rouen, par exemple, l'organisation du collège date de 1605, il y avait alors 16 médecins, à la tête desquels figure un chanoine de la cathédrale. Ils se réunissent

_____

(1) A. Corlieu. *L'Ancienne Faculté de Médecine.*

en grande solennité tous les ans au jour de saint Luc, à l'office de la cathédrale.

Cet office, selon les prescriptions, devait être du rite de 1re classe, à la messe on devait sonner à toute volée la fameuse cloche de Georges d'Amboise, depuis l'Évangile jusqu'à la fin ; les médecins devaient assister à la messe et à la procession et pour cette assistance, les six plus anciens recevaient vingt sols tournois (1).

Ils doivent religieusement respecter les statuts (2) :

I. — Tout médecin qui se proposera de s'établir dans la ville de Rouen devra être docteur ou licencié, reçu dans une académie renommée.

II. — Avant d'exercer la médecine, il ira rendre sa visite au Doyen et aux autres membres du collège.

III. — Dans les réunions convoquées au domicile du Doyen, le nouvel agrégé, cèdera le pas, en particulier et en public aux membres inscrits avant lui.

IV. — Il prêtera serment de suivre, dans sa pratique, les préceptes transmis par le grand Hippocrate.

V. — S'il survenait quelques contestations, il en référerait au conseil de ses collègues afin d'apprendre, par leur décision, que le respect, la considération, la bonne harmonie doivent être la chose la plus importante entre les médecins.

VI. — Il assistera à l'office divin célébré solennellement le jour de saint Luc, dans la cathédrale.

(1) Ch. Ouin-Lacroix. *Histoire des anciennes corporations.*
(2) A. Avenel. *Collège des médecins de Normandie.*

VII. — Il assistera aux réunions médicales dûment convoquées et traitera de bonne foi les affaires de l'ordre qui lui seront confiées.

VIII. — Chaque année, le jour de saint Vincent, seront élus les membres chargés de visiter les officines des apothicaires ; ils veilleront avec soin aux intérêts de la Faculté de médecine.

IX et dernier. — Celui qui, pendant trois ans, sans cause légitime se sera absenté de la ville et des faubourgs avec les gens de sa maison perdra sa place et le rang qu'il avait précédemment parmi ses collègues.

La corporation médicale est puissante, elle jouit de tous les droits civils. Elle est investie de tous les droits réels dérivant du droit de propriété, elle peut contracter, stipuler, s'obliger. Elle possède un patrimoine, elle dispose en propre de ses revenus.

Mais elle semble s'être presque absorbée en des luttes mesquines pour la défense de ses vieux privilèges. Ce qui la caractérise, c'est une intolérance extrême pour les idées scientifiques qu'elle ne partageait pas, une dureté singulière envers les personnes qui lui déplaisaient. Elle les lassait à force de leur faire attendre les délais de l'agrégation. Elle les refusait de parti pris aux examens (1).

---

(1) Examen de deux registres concernant le collège de médecine d'Orléans, par Eugène Bimberet.

Les Associations médicales après la Révolution.

La révolution emporta définitivement cette organisation dont le souvenir pesa longtemps encore sur les esprits. Par réaction absolue, elle ne reconnut pas aux corps de métier le droit d'association ; elle le considère comme une entrave à la liberté ; elle craint qu'il ne permette aux corporations de ressuciter sous une autre forme.

Dans son rapport sur le droit d'association. Chapelier dit : « Il doit être sans doute permis à tous les citoyens de s'assembler, mais il ne doit pas être permis aux citoyens de certaines professions de s'assembler pour leurs prétendus intérêts communs. » Et la Constituante se rangeant à son avis décide par son décret du 14 et 17 juin 1791 : « Art. 2. Les citoyens de même état ou profession, les entrepreneurs, ceux qui ont boutique ouverte, les ouvriers et compagnons d'un art quelconque ne pourront lorsqu'ils se trouveront ensemble se nommer ni président, ni secrétaire, ni syndic, tenir des registres, prendre des arrêtés ou délibérations, former des règlements sur leurs prétendus intérêts communs. »

Le 8 août 1793, la Convention supprime l'Académie de chirurgie, la Société de médecine, ainsi que toutes les Facultés, rendant libre l'exercice de la médecine.

Quelle association aurait pu s'édifier sur ce sol mouvant ?

L'art médical si bas déjà s'abaissa encore. Déjà les
cahiers des états généraux étaient remplis des doléances
des campagnes sur cet état de choses et on lit, dans le
quatrième rapport du comité de mendicité de Laroche-
foucauld de Liancourt : « Des chirurgiens brevetés par
privilèges, souvent sans aucune instruction, sans études,
la plupart ignorants, parce qu'aucune épreuve n'était
nécessaire pour leur donner le droit d'exercer, n'offrent
que des secours dangereux. »

Mais l'excès même de cette licence, l'abus du char-
latanisme amènera une réaction, la loi du 14 frimaire
an III fonde trois écoles de santé.

Du rapprochement des médecins et des étudiants naît
la Société médicale d'émulation en 1797, sous l'impul-
sion du grand anatomiste Bichat. « On conçoit aisément
que des liaisons particulières furent bientôt formées.
Les communications intimes et douces s'établissent
naturellement entre des jeunes gens livrés aux mêmes
occupations et tendant au même but. Partout on se
cherche des amis ; chacun fit renaître les occasions de
voir et d'entretenir celui qui flattait plus ou moins l'intérêt de son esprit et de son cœur. Enfin, on se connut,
on s'apprécia mutuellement, on se revit plus souvent,
on ne se quitta plus qu'à regret (1). »

Mais il ne sortait de ces écoles qu'un nombre insuffisant de médecins, envoyés pour la plupart aux armées.

Cependant Bonaparte achevait l'œuvre de recons-

(1) Discours préliminaire. Mémoires de la Société médicale d'émulation pour l'an V de la République.

truction du plan de la Révolution ; il réorganisait tous
les corps : l'Eglise par le Concordat, la Magistrature
par des lois nouvelles ; les avocats, les avoués, les
commissaires-priseurs sont de nouveau organisés en
corporations obligatoires et réglementées. La loi du
19 ventôse an XI (10 mars 1803) apporte à l'enseigne-
ment et à l'exercice de la médecine une réglementation
nouvelle.

Le titre de docteur, désormais délivré par la Faculté
après quatre années d'études, cinq examens et une thèse,
conférait le droit d'exercer dans toute la France ; le
titre d'officier de santé délivré par des juges spéciaux
après trois examens, trois années d'études ou cinq et
même six ans de stage, n'autorisait le titulaire à exercer
que dans le département où il avait été reçu et ne lui
donnait que des pouvoirs limités.

Cette loi devait avoir de grandes conséquences pour
l'association médicale. Les médecins obligés de passer
tous par une école vont se trouver rapprochés.

Mais le droit d'association n'existe pas encore, on est
toujours sous le régime créé par la loi Chapelier. Seules
sont tolérées quelques sociétés de secours mutuels
parmi les ouvriers et surtout parmi les patrons.

Le code pénal de 1810, promulgué sous l'influence
du même esprit hostile, déclare illicites toutes les associations de plus de vingt personnes, qui seraient consti-
tuées sans l'autorisation du gouvernement et sanctionne
par diverses peines ces prescriptions (art. 291 à 294
du C. P.). Cette législation sera encore aggravée par

là loi du 10 avril 1834, qui rend les pénalités applicables « alors même que les associations seraient partagées en section d'un nombre moindre et qu'elles ne se réuniraient pas tous les jours ou à des jours marqués ».

Cependant la concentration industrielle, l'application des sciences à l'industrie, les grosses entreprises financières commencent à révolutionner le monde économique et à transformer l'état social.

Les mœurs changent, les ouvriers sont attirés en masse vers le centre de production, c'est l'époque des premières crises.

Le médecin en ressent le contre-coup.

Il doit songer à parer aux éventualités qui deviennent de moins en moins rassurantes « à mesure qu'il avance dans une ère industrielle et mercantile, véritable siècle de fer pour les professions libérales (1) ».

Les applications croissantes de la vapeur, ruinant les petits ateliers, arrachent leur personnel à l'éparpillement régional et drainent les ouvriers vers des points déterminés. C'est la fin de l'habitat fixe et des agglomérations à peu près constantes. Les clientèles sont entamées, elles diminuent ou elles augmentent selon le déplacement des activités ouvrières. Si fixes même que soient les centres et le nombre des têtes ne changeât-il pas, le perpétuel va-et-vient des personnes s'oppose aux relations traditionnelles entre les clients et ceux

(1) Compte rendu du Secrétaire général de l'Association des médecins de Paris, 19 janvier 1834. *Bulletin de l'Association.*

qui les soignent. Les rétributions se font attendre et le
médecin se trouve réduit à la nécessité d'aller au-devant
d'elles ; encore n'est-ce trop souvent qu'une peine gratuite de plus. Le praticien peut enfin se trouver dans
l'impossibilité d'attendre. Sollicité par les besoins de
la vie, malade lui-même ou appauvri d'avance par
de longues études, il va se trouver isolé avec les siens.
Il les laissera sans ressources. A cet état de choses, pas
de palliatifs : avec les corporations, les confréries professionnelles ont disparu.

C'est alors qu'est créée l'Association des médecins
de Paris, pour la fondation d'une Caisse de secours
mutuels « pour la classe nombreuse des médecins hono-
rables devenus vieux, infirmes, ou morts sans fortune,
en laissant une famille dans la misère ».

L'honneur de la création de cette première association en 1833, revient à Orfila, doyen de la Faculté de
médecine.

Depuis un demi-siècle déjà, l'essor industriel et les
mêmes causes avaient fait naître en Angleterre une
société semblable.

Dès 1778, les médecins anglais avaient fondé la
Société de secours en faveur des veuves et des orphe-
lins des gens de l'art pour Londres et ses environs, qui
avaient rendus de grands services.

Les statuts de l'Association des médecins de Paris
furent assez vivement discutés dès le début ; des opinions intéressantes furent exposées. On rêve déjà d'une
organisation générale, de la création d'un ordre des

médècins, idée qui n'a cessé depuis de hanter une partie
du corps médical.

Les uns regrettaient déjà que l'Association n'admît
que les médecins de Paris. Le département de la Seine,
d'un rayon très circonscrit autour de la capitale, aurait
dû en faire partie, d'autant qu'il y aura pour les médecins en dehors de Paris peu de moyens de s'entendre
et de former entre eux des sociétés. En outre, c'eût été
préluder à une association pour chaque département de
France, ce qui aurait donné lieu à des relations spéciales, pour favoriser dans toute l'étendue du royaume,
les intérêts moraux et matériels partout si fortement
endommagés, sans les inconvénients de la centralisa-
tion on aurait tenté l'unité médicale.

On se rend bien compte que le groupement est insuffisant, que c'est un début, on regarde plus haut et plus
loin, « ce qui peut nous rassurer sur les imperfections
de ce règlement, c'est que le principe en est bon, parce
qu'il est fondé sur le besoin du moment; ces besoins
changés il dégénérera, il aura vieilli pour nous, entraî-
nés que nous serons par l'esprit céleste de perfection-
nement, de nouveau il faudra le mettre en rapport avec
les exigences du jour (1) ».

Sous l'influence de ces idées, en 1851, par une délibération spontanée et d'un consentement unanime, l'Association des médecins de Paris, devient l'Association des
médecins du département de la Seine.

(1) D' Caffe.

Cette reconnaissance implique le droit de posséder, d'acquérir, de recevoir par donation ou autrement des biens mobiliers ou immobiliers avec autorisation du conseil d'Etat.

L'Association exerça de son mieux la personnalité civile que lui avait conférée le décret de reconnaissance; elle ne se borna pas exclusivement à son rôle d'assistance, elle fit ce qu'elle put pour la défense des intérêts professionnels.

Voici comment le secrétaire général, le docteur Perdrix, résumait l'œuvre accomplie en 1854 (1), à la mort d'Orfila :

« 150,000 francs distribués en secours ;

100,000 francs placés en rentes sur l'Etat.

Nombre considérable de sociétaires, de veuves et d'enfants, et de personnes étrangères à l'œuvre secourues efficacement.

Bourses dans les lycées et collèges accordées à des fils de médecins par l'intervention de l'Association — quelques-unes payées à ses frais.

De malheureux confrères sans asile, des veuves âgées et infirmes placées par l'Association dans des établissements hospitaliers. Des pauvres médecins aliénés, sans ressources, placés comme boursiers par l'État, à la demande de l'Association, dans la maison de Charenton.

Nombreuses poursuites exercées contre une foule de

(1) Compte rendu de *l'Association des Médecins de la Seine*, 1854.

charlatans sans diplôme qui exploitaient et trompaient odieusement le public.

Retrait par deux ordonnances royales, sur la demande de l'Association, du droit d'exercer la médecine en France à plusieurs médecins étrangers indignes de cette faveur et condamnés par les tribunaux pour des actes déshonorants et criminels.

Intervention de l'Association dans les affaires litigieuses, conseils et consultations, preuve d'intérêt et de sympathie données soit au corps médical tout entier, soit à plusieurs confrères injustement attaqués devant les tribunaux et défendus par l'Association avec autant de générosité que de succès.

Nombreux et fréquents rapports de l'Association avec les autorités municipales administratives et supérieures en vue de la morale, du bien public, de la science et de la dignité médicale. »

Mais ses moyens étaient limités.

Elle s'était proposé de relever le niveau moral du corps médical ; son art. III du règlement disait bien : « Ne peuvent faire partie de l'Association, les médecins qui affichent, font des annonces de remèdes dans les journaux, vendent des remèdes, font distribuer des adresses ou exposent des tableaux sur la voie publique. » Ceux-là ne pouvaient entrer dans la Société, mais ceux qui y étaient entrés pouvaient impunément faire toutes ces choses, (1), elle n'avait point de sanction à sa disposition.

(1) V. P. Brouardel. *Leçons de médecine légale.*

Un autre but était de s'efforcer de lutter contre l'envahissement de l'exercice illégal, mais là encore elle n'obtint que de minces résultats. Il y en avait en effet deux raisons. Le législateur de l'an XI n'avait pas fixé la pénalité qui devait frapper les personnes se livrant à l'exercice illégal et n'avait même pas défini celui-ci. De plus la personnalité civile de l'Association ne permettait pas au président ou à un syndic de formuler la plainte et de se porter partie civile. Il fallait que le président ou un membre, comme individu, déposât la plainte et justifiât d'un préjudice personnel (1).

Cependant l'esprit d'association se développait. En 1845, un congrès réunit à Paris 1200 médecins, sous la présidence du ministre M. de Salvandy, on y discuta les réformes nécessaires à l'amélioration des conditions d'exercice de la profession. On y proclama à nouveau la nécessité de la création d'un ordre des médecins. On regrette presque l'ancienne Faculté et son organisation professionnelle.

« Rien de semblable, écrit alors Réveillé-Parise, ne se voit aujourd'hui ; l'isolement est ce qui s'oppose le plus à la dignité des médecins et à la prospérité de chacun d'eux ; c'est au point qu'à moins d'un peu de fortune, de circonstances favorables ou d'incroyables efforts, il est maintenant peu de médecins qui ne soient forcés de livrer leur jeunesse à un avenir chimérique, à d'inutiles labeurs, et leur vieillesse à la misère et à l'abandon.

(1) P. Brouardel. *Leçons de médecine légale.*

« Si la fortune vous trompe, si le malheur vous frappe, si la maladie vous atteint, si un créancier impitoyable vous fait mettre en prison, qui est-ce qui pense à vous? Qui vous tendra une main secourable dans ces grandes infortunes? Vous avez reçu les marques du sacerdoce médical, on vous a confié la sainte mission de secourir les hommes, mais qui êtes-vous dans la foule?

Une simple unité numérique, un individu, et comme tel, écrasé, broyé par la grande meule des intérêts opposés. »

Des associations semblables à celle des médecins de la Seine, naissent un peu partout en province, mais elles sont plus faibles encore, n'étant simplement approuvées que par arrêté ministériel. Elles ne peuvent comme telles posséder que des biens mobiliers et recevoir des dons et legs mobiliers dont la valeur n'excède pas 5.000 francs avec autorisation du préfet, et encore ne peuvent-elles jouir de ces avantages qu'après nomination de leur président par l'empereur.

Elles se développent et se multiplient pourtant. Tous ces efforts témoignent de la crise et d'un réveil énergique de l'esprit de solidarité.

En 1856, les plus florissantes de ces Associations, sont celles du Bas-Rhin, du Loiret, de Toulouse, de la Sarthe, de Meaux, du Rhône, des Basses-Pyrénées, de Marseille (1). Elles sont en rapport constant entre elles et avec l'Association de la Seine; elles se soli-

(1) *Bulletin de l'Association des Médecins de la Seine*, 1857.

darisent et chacun fait de son mieux dans sa région.

En 1856, celle du Loiret publie un remarquable mémoire adressé à l'administration municipale d'Orléans, pour combattre la tendance qui monopolise dans un petit nombre de médecins le service médical des Sociétés de Secours Mutuels.

De nouveau en 1857, elles discutent l'organisation d'une Association générale des médecins français. Un projet est formulé par une partie du corps médical de Bordeaux ; il donne lieu à des discussions animées et finalement est rejeté par l'Association de la Seine. Les raisons qu'elle invoque sont intéressantes à noter. « Notre époque, dit le rapporteur, est fertile en inventions de ce genre et l'expérience a déjà amplement prouvé le danger de ces centralisations imprudentes. Vous connaissez à merveille l'esprit des associations locales, le mobile qui dirige leurs membres, vous savez quelle force réside dans ce sentiment restreint de fraternité locale dans la possibilité d'apprécier par soi-même et directement la position de ceux qui demandent des secours. »

Mais l'idée faisait son chemin et l'Assemblée générale ayant déclaré « ne pouvoir donner suite en ce qui la concerne au projet d'une association générale des médecins de France, » il est repris et mis sur pied en dehors d'elle.

La même année en 1857, Rayer et Amédée Latour créent l'Association générale de Prévoyance et de Secours Mutuels des Médecins de France. Les statuts sont approuvés par un arrêté du ministre de l'Intérieur en date du 31 août 1858.

Elle est organisée en Sociétés départementales et une Société centrale.

Celle-ci, dont le siège est à Paris se compose de docteurs en médecine de Paris et du département de la Seine, de l'Armée et de la Flotte, et d'un petit nombre de médecins disséminés ou en mission à l'étranger.

L'Association prit rapidement un grand développement et attira à elle la plus grande partie des médecins de France.

Elle ne se borna pas non plus à son rôle d'assistance. Ainsi, on trouve par exemple dans le compte rendu (1) de la Société centrale de l'année 1864 : « Au compte des dépenses figure ensuite une somme de 550 francs pour frais de pourvoi en Cour de cassation, à l'effet d'obtenir un arrêt de cette Cour suprême qui fixe la question du privilège du médecin pour ses honoraires en cas de faillite du client, question d'intérêt général dont vous avez cru devoir poursuivre la solution de concert avec le conseil général de l'Association qui lui aussi a consacré la somme 550 francs pour participer aux frais du pourvoi. »

Maintes fois elle essaya de défendre les intérêts professionnels, de lutter contre les charlatans, mais elle ne donna point plus de résultats à ce point de vue que

(1) *Compte rendu de l'Association générale des Médecins de France*, 1864.

l'Association de la Seine et pour les mêmes causes.

A diverses reprises des tentatives de fusion sont faites entre les deux Associations, mais qui n'aboutissent pas.

Ainsi en 1862, la commission de l'Association des médecins de la Seine, qui déjà avait repoussé un projet de transformation déclare que « malgré sa sympathie pour l'Association générale elle ne juge pas que l'agrégation, en l'état actuel des statuts de l'Association générale, puisse être réalisée ».

Ces Associations ont rendu de grands services d'assistance et de mutualité au corps médical, elles répondaient à un besoin urgent et la meilleure preuve de leur utilité, c'est leur existence continuée à travers toutes les transformations et malgré la naissance des syndicats médicaux.

PREMIÈRE PARTIE

Les Syndicats médicaux.

Historique.

Les associations de prévoyance, basées sur les principes philosophiques ou religieux de solidarité et de charité, avaient eu pour inspirateurs et pour fondateurs les chefs des grands corps officiels, l'élite de la science médicale, les Orfila, les Rayer, les Latour ; les syndicats, organes de défense professionnelle ont eu pour promoteurs de modestes médecins de province.

Quelques médecins voisins et amis se réunissaient de temps à autre pour avoir le plaisir de se retrouver ensemble. Petit à petit les exigences des collectivités croissant au fur et à mesure que le nombre des médecins augmentait, ceux-ci sentirent le besoin de s'unir plus étroitement pour résister. De ces réunions sont sortis les syndicats.

« Ils sont nés le jour où le médecin a trouvé devant
lui une sorte de coalition des intérêts dits généraux,
menaçant sa position ou l'obligeant à abaisser le taux
de ses honoraires de telle façon qu'il devait renoncer
à l'espoir d'assurer à sa famille, à ses enfants, le rang
social que lui-même avait acquis par son labeur (1). »

Le docteur Auguste Cezilly avait fondé le 5 Juillet
1879 un journal, le *Concours Médical*, afin d'établir
entre les membres du corps médical, une plus grande
solidarité. Dans une lettre qui lui fut adressée le
24 octobre suivant par le docteur Margueritte, du
Havre, on lit pour la première fois le mot « syndicat ».
« Tous les médecins d'une même ville, et en dehors des
villes, tous les médecins d'un même canton devraient
constituer par voie d'élection, une chambre syndicale
chargée de veiller aux intérêts de la profession. N'êtes-
vous pas convaincu que du jour où les intérêts matériels de la profession seront sauvegardés d'une manière
sûre, les intérêts moraux le seront également, parce
que le médecin ne se trouvera jamais exposé entre son
intérêt et son devoir ? »

Il ne s'agissait pas dans l'esprit du docteur Margueritte d'une organisation uniforme pour tout le pays,
il se rendait compte que chaque région avait ses
besoins et que les détails d'organisation devaient être
réglés localement.

Le 8 mai 1880, paraît dans le *Concours Médical*, le

(1) Docteur Brouardel. *Bulletin de l'Association des Médecins de la Seine*, 1892.

premier article intitulé « Syndicats Médicaux ». Le docteur Cauchy, de Bapaume, y propose des bases générales d'organisation.

Tout médecin, dès l'enregistrement de son diplôme, serait électeur et nommerait les syndics ; ceux-ci nommés à temps et rééligibles étudieraient toutes les questions professionnelles qui pourraient se présenter dans le ressort du syndicat, correspondraient avec l'administration supérieure, aplaniraient les difficultés qui pourraient survenir entre les médecins et les administrations locales, publiques ou privées, etc. Car, ajoutait-il, nous devons envisager la défense des intérêts professionnels, les chambres de discipline étant incompatibles avec la profession médicale.

Et le docteur Béraud, de Charlieu, complétait ce projet d'organisation générale en prévoyant :

1° Des assemblées départementales ou régionales recevant les rapports des syndics, les rapprochant en uniformisant autant que possible les conditions de l'exercice médical dans les circonscriptions voisines.

2° Une assemblée générale recueillant les aspirations, les désirs de tout le corps médical et usant de la haute influence de son conseil général et de son conseil judiciaire pour agir auprès du Gouvernement et obtenir les réformes indispensables.

L'organisation syndicale a donc pour base la décentralisation, l'unité syndicale s'organise localement, puis les unités se groupent et tendent vers une Fédération générale.

En outre, son principal but est la défense des intérêts matériels de la profession. Le caractère moral gagnera certainement à l'amélioration des conditions matérielles, mais le syndicat ne l'a pas directement en vue.

Au contraire les associations procédaient d'un tout autre esprit, le relèvement du niveau moral était l'un de ses buts, et elles étaient guidées par une idée disciplinaire, elle voulaient surtout défendre le caractère sacerdotal et libéral de la profession.

Une certaine hostilité règne au début entre les deux organisations.

Une proposition de transformer l'Association générale en Fédération des Syndicats est repoussée par elle sous prétexte « qu'il n'y aurait pas d'utilité ». En réalité l'Association considère les syndicats en ennemi. Son secrétaire général déclare à l'assemblée générale : « La formation des syndicats est le contraire absolu des principes les plus élémentaires inféodés au médecin, à sa mission toute de bienveillance et de dévouement. A ce titre je repousse le syndicat (1). »

Mais l'idée gagnait du terrain ; le *Concours Médical* continuait ardemment la campagne en sa faveur ; le 20 février 1881, il publiait un plan d'ensemble pour l'organisation des syndicats et la confection des statuts, et, le 16 mai suivant, le docteur Mignen créait avec certains de ses confrères de Montaigu en Vendée, le premier syndicat médical ; puis successivement se for-

(1) *Compte rendu de l'Association Générale*, 1881.

maient les syndicats du Finistère, d'Agen, du Havre, du Lot-et-Garonne, de l'Ain, de la Charente-Inférieure, de la Gironde, de l'Oise, de l'Indre-et-Loire, de la Nièvre, de la Haute-Saône, de Bernay, de St-Amand, de Brioude (1).

Sous les auspices du *Concours Médical*, se forme une commission générale des syndicats, qui publie un bulletin mensuel spécial pour la propagande, donnant des instructions pour l'organisation de nouveaux syndicats et signalant les questions à étudier.

L'organisation est ainsi complète, les syndicats sont reliés entre eux, ils forment une organisation générale. Les syndicats ouvriers s'étaient également multipliés partout depuis plusieurs années on réclamait une législation les reconnaissant et les réglementant; enfin le 21 mars 1884, la coutume devint loi et les syndicats professionnels et les unions de syndicats ont une existence légale.

A l'abri de cette loi, les syndicats médicaux prennent un nouvel essor ; 74 de leurs délégués, réunis le 29 juillet 1884, sous la présidence du Dʳ Gibert, du Havre, votent les statuts d'une Union des syndicats médicaux de France, et élisent le bureau qui va remplacer, légalement, l'ancienne commission générale du *Concours Médical*.

Il y a alors environ 150 syndicats médicaux, comprenant à peu près 3.500 membres (2), dont la moitié

(1) *Concours Médical*, 1881.
(2) Dʳ Gassot, *Concours Médical*, 1894.

— 26 —

a adhéré à l'Union ; ils s'organisent, se concertent, entament la lutte contre les collectivités, contre les charlatans, quand soudain la jurisprudence refusant de les reconnaître les déclare illégaux et les empêche d'agir.

Le syndicat de Domfront, ayant voulu poursuivre un rebouteur pour exercice illégal de la médecine, formula une plainte, se porta partie civile au procès et réclama des dommages intérêts. Le tribunal condamna le rebouteur, mais débouta le syndicat de sa demande, prétendant que la loi du 21 mars 1884 était inapplicable aux professions libérales. Soutenu par l'appui moral et pécuniaire de l'Union, le syndicat interjeta appel, mais la cour de Caen confirma le jugement. La cour de Cassation (1) décida le 27 juin 1885 dans le même sens :

« Attendu que la loi sur les syndicats professionnels n'a point été rendu applicable à toutes les professions ; que les travaux préparatoires ont constamment affirmé la volonté du législateur d'en restreindre les effets à ceux qui appartiennent soit comme patrons, soit comme ouvriers ou salariés à l'industrie, au commerce ou à l'agriculture, à l'exclusion de toutes autres personnes ; que la loi n'est pas moins absolue dans ses termes, puisque d'une part, dans l'article 6, elle réserve les droits qu'elle confère aux seuls syndicats de patrons et d'ouvriers ; que d'autre part, dans l'article 3, elle

(1) Dalloz, 86, 1, 137.

limite l'objet de ces syndicats à l'étude et à la défense des intérêts économiques, industriels, commerciaux et agricoles, refusant le droit de former des syndicats à tous ceux qui n'ont à défendre aucun intérêt industriel, commercial ou agricole, ni par suite aucun intérêt économique se rattachant d'une façon générale à l'un des intérêts précédents. »

Le débat se résumait en une question de virgule. Y avait-il réellement une virgule après « économiques » ? L'argument de la cour de Cassation n'était pas d'un grand poids.

Elle fait observer en second lieu que dans plusieurs textes de la loi il est parlé des syndicats de « patrons et d'ouvriers entre eux », dans l'article 6 notamment qui énumère quelles sont les attributions de la personnalité civile. Cet argument était-il meilleur ? Il est certain qu'on a souvent parlé de patrons et d'ouvriers parce que les préoccupations capitales du législateur étaient les syndicats de patrons et d'ouvriers, mais n'avait-on pas affirmé à plusieurs reprises que la loi ne se bornait pas à ces seuls syndicats ?

Voici ce que disait, au Sénat, le rapporteur M. Tolant : « On avait cru d'abord, à raison de ce que la loi parle de syndicats professionnels, qu'elle en restreint la portée aux ouvriers industriels, cela n'a jamais été l'avis de la commission. …Toute personne qui exerce une profession aura le droit de profiter de la loi. »

Quoi qu'il en soit, les syndicats médicaux étaient déclarés illégaux. Ce leur fut un coup rude ; ils ne moururent pas pourtant, ils vécurent d'une vie latente, soutenus par le *Concours Médical*.

Une enquête (1) faite par les soins de l'Association générale des Médecins de France, nous renseigne sur le développement et l'organisation de ces premiers syndicats. 90 Sociétés départementales sur 96 ont envoyé leurs réponses ; sur les 90, 16 sont absolument négatives, il y est dit seulement qu'il n'existe aucun syndicat dans la circonscription de la société locale ; 74, au contraire font connaître l'existence soit de plusieurs syndicats, soit d'un seul, qui émane alors de la Société locale ; dans ce cas il se subdivise habituellement en plusieurs cercles syndicaux, correspondant à chacun des arrondissements, parfois il y en a pour de simples cantons.

Plus souvent, c'est le syndicat lui-même qui a pour limites un arrondissement ou un canton ; dans ce cas, il s'est formé à côté de l'Association, sans en être une émanation.

Plusieurs syndicats ne comprennent que les médecins d'une seule ville; quelques-uns, au contraire, sont à cheval sur plusieurs départements de manière à réunir les médecins d'une région ayant des intérêts communs et identiques, bien qu'elle ne corresponde pas exactement aux divisions administratives du pays.

Ainsi, il existe dans le département de la Gironde :

(1) *Compte rendu de l'Assemblée tenue à Paris, les 12 et 13 avril 1885.*

A. — Un syndicat suburbain comprenant l'arrondissement de Bordeaux extra-muros et siégeant à Bordeaux ville ;

B. — Un syndicat dans le Médoc, comprenant les cantons de Blanquefort et de Castelnau, ainsi que l'arrondissement de Lesparre ; il siège à Margaux ;

C. — Un syndicat à la Réole, comprenant l'arrondissement et siégeant à la Réole ;

D. — Un syndicat à Bazas, comprenant l'arrondissement et siégeant à Bazas ;

E. — Un syndicat à Libourne, comprenant l'arrondissement et siégeant à Libourne ;

F. — Un syndicat de la Gironde et de Coutras comprenant un groupe de médecins appartenant aux départements limitrophes, Gironde, Dordogne, Charente-Inférieure et Charente et siégeant à Coutras ;

G. — Enfin, l'Union départementale des syndicats girondins comprenant les 6 syndicats précédents :

D'autre part, 77 % environ des membres des syndicats étaient en même temps membres de l'Association générale ; dans quelques départements c'est presque la totalité ; au syndicat d'Alger 46 sur 48 membres sont en même temps de l'Association ; dans la Loire-Inférieure 24 sur 28 ; à Rouen et le Havre 66 sur 67 ; dans l'Indre 15 sur 15 ; à Saint-Jean-d'Angély 21 sur 21 ; à Coutras 24 sur 24 ; dans les Vosges 40 sur 40 et dans le Rhône 75 sur 75.

L'hostilité est donc superficielle entre l'Association et les syndicats médicaux, en réalité, il y a simplement

organe nouveau, créé par un besoin nouveau, c'est la
loi de spécialisation.

Les syndicats médicaux répondaient si bien à un
besoin qu'ils continuaient à vivre en marge de la
législation, presque officiellement.

Le garde des sceaux, M. Thévenet, les consulte en
1890 sur le relèvement des tarifs médico-légaux de
1811 et le ministre du Commerce et de l'Industrie leur
envoie son questionnaire pour l'Annuaire des Syndicats. Mais la consécration définitive leur est seulement donnée par la loi du 9 novembre 1892.

Des pétitions, des projets de loi spéciale avaient été
inutilement déposés depuis 1885. Cependant les
Chambres s'apprêtaient à voter une loi nouvelle sur
l'exercice de la médecine. Deux projets étaient déposés,
l'un, du ministre, M. Lockroy, muet sur la question
des syndicats, l'autre, du Dr Chevandier de la Drôme,
qui proclamait, au contraire, le droit des médecins de
se syndiquer, mais battu en brèche par le Gouvernement. Enfin, vers le mois d'octobre 1890, un accord
s'était fait entre le Gouvernement et la commission
parlementaire chargée de l'examen du projet Chevandier et la Chambre des députés votait la loi les 19 et
21 mars 1891, avec l'article (1) reconnaissant aux
médecins le droit de se syndiquer, mais le Sénat à
une voix de majorité, par 111 voix contre 110, le

_____

(1) « A partir de la promulgation de la présente loi, les médecins
jouiront du droit de se constituer en Associations syndicales, dans les
conditions de la loi du 21 mars 1884. »

repoussait quelque temps après. Le 1ᵉʳ avril suivant,
la discussion était reprise en seconde lecture, le Gouvernement acceptait maintenant le nouvel article 13
rédigé d'accord avec la commission. « A partir de
l'application de la présente loi, les médecins, chirurgiens, dentistes et sages-femmes jouiront du droit de
se constituer en associations syndicales dans les conditions de la loi du 21 mars 1884, pour la défense de
leurs intérêts professionnels, à l'égard de toutes personnes autres que l'Etat, les départements et les communes. » Grâce aux efforts du Dʳ Chevandier et des
sénateurs Loubet et Trarieux, il était enfin voté.

« Eh quoi ! s'écriait M. Loubet, alors président du
Conseil, lorsque vous demandez au corps médical des
sacrifices nouveaux, lorsque vous le soumettez à la
réquisition de tel ou tel magistrat, de tel ou tel fonctionnaire de l'ordre administratif dans des cas déterminés par la loi, vous voudriez lui refuser une com-
pensation aussi légitime que le droit de bénéficier de
la loi de 1884?...Je crois qu'on peut sans danger, avec
la formule qu'a acceptée la commission, donner satisfaction aux médecins. »

La législation.

Les médecins peuvent donc désormais se constituer
librement en syndicats, dans les conditions prévues par
la loi du 21 mars 1884, seulement l'action de ces syndi-

cats ne peut être dirigée contre l'Etat, les départements et les communes.

On trouve dans les travaux préparatoires la raison de cette interdiction ; les médecins peuvent être appelés à exercer de véritables fonctions publiques, soit comme médecins des hospices, des bureaux de bienfaisance, des enfants assistés, soit comme vaccinateurs, médecins des épidémies, médecins des enfants en bas âge. Le gouvernement a déclaré qu'il ne voulait pas avoir en face de lui des fonctionnaires syndiqués et avoir à discuter avec eux sur l'étendue de leurs devoirs et le chiffre de leurs honoraires. C'est en prévision de ce danger qu'a été votée la restriction de l'article 13 *in fine*. Mais il n'y a pas eu, jusqu'ici, un seul exemple, de syndicat dissous pour infraction à cette défense.

Bien plus, ce sont les communes, les départements et l'Etat lui-même qui, notamment pour l'organisation du service de l'assistance médicale gratuite, se sont adressés directement aux syndicats médicaux. Tout récemment le conseil général de Lot-et-Garonne a traité avec le syndicat médical du département, à forfait, moyennant une somme annuelle de 50.000 francs, pour le service de l'assistance.

Il semble donc que cette restriction doive s'interpréter maintenant en ce sens seulement, que les syndicats ne peuvent ester en justice contre l'Etat, les départements et les communes.

Organisation.

C'est l'article 4 de la loi de 1884 qui règle les formalités, il est ainsi conçu :

« Les fondateurs de tout syndicat professionnel devront déposer les statuts et les noms de ceux qui, à un titre quelconque, seront chargés de l'administration ou de la direction.

Ce dépôt aura lieu à la mairie de la localité où le syndicat est établi, et à Paris, à la préfecture de la Seine.

Ce dépôt sera renouvelé à chaque changement de la direction ou des statuts.

Communication des statuts devra être donnée par le maire ou par le préfet de la Seine au Procureur de la République.

Les membres de tout syndicat professionnel chargés de l'administration ou de la direction de ce syndicat devront être Français et jouir de leurs droits civils. »

La première tâche des médecins qui se groupent en syndicat est donc de :

1° Rédiger les statuts et les déposer.

2° Nommer les administrateurs et déposer les noms.

La forme authentique n'est pas nécessaire ; l'acte de constitution peut être fait sous-seing privé. La loi ne fixe pas de délais pour le dépôt.

L'union des syndicats est réglementée par l'article 5 de la loi de 1884 :

« Les syndicats professionnels, régulièrement constitués, d'après les prescriptions de la présente loi, pourront librement se concerter pour l'étude et la défense de leurs intérêts économiques, industriels, commerciaux et agricoles.

« Les unions devront faire connaître, conformément à ce que dit l'article 4, les noms des syndicats qui les composent.

« Elle ne pourront posséder aucun immeuble ni ester en justice. »

On a proposé pour remédier à cette dernière prescription sévère, d'adjoindre à l'union un syndicat qui accomplirait les actes qu'elle est incapable de faire.

Ainsi donc, comme condition de fond, l'union ne peut comprendre que des syndicats légalement constitués par la loi française. C'est là une règle qui a été appliquée il y a une dizaine d'années à la Bourse du Travail de Paris. A cette époque, 47 des syndicats installés à la Bourse étaient irréguliers ; le Gouvernement mit ces syndicats en demeure de régulariser leur situation ; un mois leur fut donné. Le mois écoulé, en juillet 1893, le Gouvernement fit militairement fermer la Bourse du Travail et au mois de novembre le tribunal de la Seine et la Cour de Paris (8 nov. 1893) condamnèrent l'union formée sans se conformer à la loi.

Fonctionnement.

L'article 6 de la loi du 21 mars 1884 accorde aux syndicats la personnalité civile.

M. Trarieux la définissait ainsi à la Chambre des
députés dans la séance du 21 mai 1881 :

« La constitution d'un être moral qui a le droit
d'acquérir, de posséder, de disposer d'une manière
générale, de transiger, de compromettre, de jouir en
un mot de tous les droits civils que peut avoir dans la
société la personne majeure et reconnue par la loi. »

Et M. Waldeck-Rousseau disait également, en com-
mentant l'article 7 de la proposition de loi déposée
par lui et relative au contrat d'association :

« La personnalité civile est la fiction légale par laquelle, une association est reconnue comme constituant
une personne distincte de la personne de ses membres
et en qui réside la propriété des biens de la société. »

D'après l'article 6, la personnalité civile confère aux
syndicats les droits suivants :

1° Droit d'ester en justice... C'est à dire de plaider
tant comme demandeur que comme défendeur, dans
toutes les instances et devant toutes les juridictions
sans avoir besoin d'aucune autorisation administrative,
soit qu'il s'agisse d'intérêts pécuniaires, soit qu'il
s'agisse d'intérêts professionnels.

2° Droit d'employer les sommes venant des cotisations.

3° Droit d'acquérir les immeubles nécessaires aux
réunions, bibliothèques et cours d'instruction professionnelle.

4° Droit de constituer entre les membres des caisses
spéciales de secours mutuels et de retraites,

5° Droit de librement créer et administrer des offices de renseignements.

6° Droit d'être consultés sur tous les différends et toutes les questions se rattachant à la profession, posées soit par le Gouvernement, soit par les corps médicaux.

Les droits qui leurs sont conférés diffèrent de ceux des anciennes associations médicales.

La personnalité de ces associations, même reconnues d'utilité publique, est en effet limitée par les statuts et par le décret qui les autorise. Elles ne peuvent faire seules et librement que des actes de simple administration et elles n'ont capacité pour ester en justice, pour acquérir à titre onéreux ou à titre gratuit qu'autant qu'elles sont, pour chacun de ces actes, munies d'une autorisation spéciale.

Ce qui caractérise cette personne, c'est qu'elle naît d'un acte de l'autorité publique.

Les syndicats au contraire naissent librement, sans avoir besoin d'aucune autorisation. Leur personnalité est par conséquent beaucoup plus étendue : l'autorité administrative ne peut supprimer la vie qu'elle n'a pas contribuée à donner. C'est celle de la personne morale privée, mais d'une nature spéciale à cause de certaines restrictions, notamment quant au droit d'acquérir des immeubles.

Modifications apportées à la loi de 1884 par la loi de 1901 sur les associations

La loi de 1901 déclare qu'il n'est en rien dérogé pour l'avenir à la loi de 1884, mais cette formule ne tranche pas toute la question.

La loi de 1884 ne connaît qu'une seule nature de syndicat : tous les candidats doivent accomplir certaines formalités, ils sont alors pourvus de la personnalité civile.

La loi de 1901 au contraire connaît plusieurs sortes d'associations. A côté des associations qui ont fait leur déclaration, elle reconnaît comme licites d'autres associations qui n'ont pas fait la déclaration, tandis que d'après la loi de 1884 tout syndicat non déclaré est illicite.

Mais, dès lors, supposons une association professionnelle qui ne remplit pas les formalités. Pourra-t-on la poursuivre, lui infliger une amende en vertu de la loi de 1884, si elle déclare vouloir se placer sous la loi de 1901?

Le cas s'est présenté pour un syndicat mixte de médecins et de pharmaciens; la Cour de Douai condamna les administrateurs à l'amende. Les administrateurs se sont pourvus en cassation, et la Cour a répondu que la loi de 1901 n'avait pas abrogé l'article 9 de la loi de 1884. Mais la question ne semble pas tranchée, la doctrine est contre cette jurisprudence.

Peut-on admettre en effet qu'on puisse retourner au désavantage des syndicats cette loi de 1884, faite pour les favoriser et octroyer à leur profit le bénéfice de la liberté d'association (1).

La souveraineté du syndicat.

La loi confère aux syndicats une grande force. La personnalité civile dont ils sont investis leur permet, nous l'avons vu, d'ester en justice sans aucune autorisation et par cela même d'intenter l'action civile contre quiconque porte atteinte par un fait illicite et dommageable aux intérêts collectifs du syndicat.

Ce n'est pas seulement contre l'ennemi du dehors que cette action peut s'exercer, mais aussi à l'intérieur, contre le syndiqué qui manquant à ses engagements cause un préjudice. La souveraineté et la discipline syndicales qui découlent de cette large personnalité sont sanctionnées par la loi ou imposées par les statuts et leurs clauses pénales.

La loi a bien assuré aux syndiqués la liberté en leur permettant de se dégager de leurs obligations à tous moments par la démission, mais tant qu'ils restent dans les liens du syndicat, ils doivent absolument respecter les engagements pris et observer les décisions du groupe. Les statuts acceptés par lui forment un contrat auquel les règles générales du Code civil régissant

(1) Albert Wahl note Dalloz 1901-2, 289. — Jay. cours 1902-1903.

la matière des contrats et obligations, sont applicables. Celui qui y contrevient est exposé à l'action en
dommages-intérêts des art. 1142 et suivants du Code
civil au cas d'inexécution de faire ou de ne pas faire.

Un arrêt de la Chambre criminelle de cassation du
5 janvier 1894 (1) a reconnu à un syndicat de pharmaciens, dans une poursuite exercée par le ministère
public contre un phamacien membre du syndicat pour
mise en vente de substances médicamenteuses falsi-
fiées, le droit de se porter partie civile afin de demander des dommages et intérêts, pour le préjudice que
le délinquant avait causé au syndicat par les faits délic-
tueux à raison desquels il était poursuivi.

Le tribunal de Bourgoin, dans une espèce relative
aux syndicats médicaux mêmes, a précisé dans son jugement du 21 juin 1901 (2) toute l'étendue des obligations
du syndiqué envers la personne civile syndicale.

Les médecins de Bourgoin s'étaient tous réunis pour
se concerter, notamment sur l'attitude à prendre vis-
à-vis des Compagnies d'assurances contre les accidents,
à l'effet de retirer de la loi du 9 avril 1898 qui venait
d'entrer en vigueur, tous les avantages qu'ils esti-
maient pouvoir légitimement en obtenir; ils avaient
décidé que les contrats existants seraient dénoncés et
qu'il ne serait pas passé de contrat individuel
nouveau; ils avaient arrêté un tarif à soumettre
aux compagnies et informé celles-ci, par lettre collec-

(1) Dalloz 1898-1-285.
(2) *Gazette des Tribunaux*, 18 juillet 1901.

tive en date du 21 octobre 1898, que tant que des propositions acceptables ne leur seraient pas envoyées, ils refuseraient de soigner les blessés qui leur seraient adressés, que tous engagements individuels étaient résiliés et que le tarif élaboré par le Syndicat médical du Sud-Est était le seul accepté pour base de discussion.

A la suite d'une résolution prise le 4 mars 1900, les membres de cette association s'étaient constitués en syndicat, et les statuts avaient été approuvés dans une réunion du 2 juin et régulièrement déposés. La délibération avait été complétée par une résolution prise le même jour et signée par tous les membres syndiqués. Il y était décidé : 1° que les médecins membres du syndicat ne prendraient envers les compagnies d'assurances aucun engagement individuel et que les accords ou contrats qui auraient pu intervenir entre un ou plusieurs membres du syndicat et une ou plusieurs des compagnies seraient immédiatement dénoncés quelles que soient les conditions de ces accords ou contrats ; 2° que l'action syndicale serait substituée à l'action personnelle pour toutes les conventions à venir ; que les compagnies seraient invitées à traiter directement avec le syndicat sur les bases fixées par les lettres circulaires du 21 octobre 1899 et ce, dans un délai d'un mois ; et que l'accord à intervenir entre les compagnies et le syndicat devrait être pris directement entre les directions générales de ces compagnies et la chambre syndicale ; 3° qu'il n'y aurait ni monopole au profit de tel ou tel médecin, ni conditions privilégiées pour telle ou telle compagnie; que les membres du syndicat devraient cesser tous rapports avec les compagnies qui refuseraient de traiter avec le syndicat dans le délai indiqué et qu'ils donneraient, en ce cas, leurs soins aux ouvriers blessés sous la seule responsabilité des patrons, en ce qui concernait le paiement des honoraires; 4° que les membres du syndicat qui seraient en butte à des manœuvres, par intimidation, promesses, menaces, marchandages ou sollicitations de concurrence de la part de la compagnie, tendant à troubler l'ordre entre les syndiqués, seraient tenus d'en aviser sans retard la chambre syndicale.

Malgré ces engagements, l'un des médecins avait consenti à soigner, pour le compte des compagnies, à un taux inférieur à celui fixé par le syndicat.

Le syndicat l'ayant assigné en réparation du préjudice, le tribunal de Bourgoin rendit un jugement, confirmé ensuite par la Cour de Grenoble, dont les attendus sont intéressants à rappeler.

« Attendu, en droit, que les organisations syndicales, en tant qu'elles ont pour objet la défense des intérêts professionnels, sont, non seulement autorisées, mais encouragées par notre législation; que les statuts et les délibérations régulièrement prises font la loi des parties et obligent tous les membres au même titre que tout autre convention valable; que, sans doute, il est toujours permis à tout syndiqué de se retirer des liens du syndicat, mais que, tant qu'il fait partie de l'Association, il est tenu de se conformer à sa loi et de respecter les obligations qu'elle lui impose ; que l'observation stricte de ce devoir est surtout nécessaire dans une organisation qui exige une entente absolue pour permettre à l'effort commun de produire son effet utile ; que, dès lors, toute infraction peut, quand il en est résulté un préjudice, donner ouverture, au profit du Syndicat, personnalité civile, à une action en dommages et intérêts, par application, soit des articles 1142 et suivants du Code civil, soit de l'article 1382, le cas échéant ;

« Attendu, en fait, qu'il importe avant tout de préciser la nature et l'étendue des devoirs et obligations de chacun des membres envers le Syndicat ; que le but principal poursuivi par les médecins de Bourgoin lorsqu'ils se sont organisés, d'abord en Association amicale et ensuite en Syndicat régulier, était d'amener les Compagnies d'assurances à accepter le tarif élaboré par eux, ainsi que cela ressort de tous les documents analysés plus haut ; que, pour atteindre ce résultat, il était indispensable de soumettre ces Sociétés à un traitement uniforme, qui ne pouvait être obtenu que par l'entente loyale et absolue de tous les médecins ; que cette entente, réalisée par les délibérations des 2 juillet et 15 octobre 1899, obligeait chacun des membres de l'association à cesser immédiatement tous rapports avec les Compagnies d'assurances qui n'auraient pas accepté le tarif proposé et à ne donner des soins aux victimes d'accidents qu'aux conditions ordinaires ; que,

par suite, jusqu'à la formation du Syndicat; ils étaient
strictement tenus non seulement de ne pas passer des
contrats individuels, mais encore de s'abstenir de traiter les blessés dont il s'agit à des conditions inférieures au tarif convenu ;

« Attendu que C... soutient, il est vrai, n'avoir consenti à signer la délibération du 15 octobre que sous la
réserve, acceptée par P..., qu'il conserverait la liberté
de ses mouvements au regard de certaines Sociétés alors
comprises dans sa clientèle ; mais qu'il ne rapporte, ni
n'offre de rapporter la preuve de cette allégation ; que
tout démontre, au contraire, que son adhésion a été
donnée purement et simplement : que, s'il en avait été
autrement, on comprendrait peu qu'il n'eût pas fait
mentionner ses réserves à la suite de résolutions nettes,
précises, ne comportant aucune exception, et qu'il se
fût contenté de la déclaration verbale du seul P..., qui
ne pouvait engager que lui ; que son silence, lors des
autres réunions où les mêmes questions ont été agitées,
l'absence de toute protestation de sa part contre le pas-
sage de la délibération du 4 mars 1900, relatif à la
disette d'accidents, attitude d'autant plus significative,
qu'il savait le fait inexact puisqu'il avait déjà, à cette
date, traité un grand nombre de blessés pour le compte
des Compagnies, ne permettent pas de penser qu'il a
agi avec l'agrément de ses confrères ; que ceux-ci, d'ailleurs, qui avaient sacrifié leur intérêt particulier en vue
du but à atteindre, ne pouvaient manifestement accorder à C... le bénéfice d'une situation privilégiée qui

aurait eu pour effet de paralyser leur effort et de rendre leurs sacrifices inutiles, sauf cependant pour le défendeur.

« Attendu qu'il reste maintenant à rechercher si les délibérations et résolution du 2 juin 1900 ont fait table rase du passé et subtitué de nouveaux engagements aux anciens ; que les agissements antérieurs de C..., quelque caractère qu'ils aient pu avoir, échappent, en effet, légalement à l'action syndicale, laquelle ne peut s'appuyer que sur des faits postérieurs à la formation du Syndicat ; que, toutefois, pour préciser l'attitude que le Syndicat a entendu prendre au regard des Sociétés, il faut rapprocher le texte de ces documents à la conduite adoptée antérieurement par l'Association, en même temps que du but invariablement poursuivi ; que, d'autre part, il faut retenir que chaque membre, du moment qu'il consentait à entrer dans le Syndicat, s'engageait par là même à respecter ses statuts et ses décisions et à ne rien faire, d'une manière générale, qui fût de nature à l'entraver dans la défense des intérêts professionnels pour laquelle il avait été institué ;

« Attendu qu'il a été établi que jusqu'au 2 juin, les médecins associés étaient tenus de n'avoir aucun rapport direct avec les Compagnies qui n'auraient pas accepté leur tarif et de ne traiter leurs blessés que pour le compte des patrons aux conditions ordinaires ; qu'il n'existait aucun motif pour abandonner cette attitude, que tous, sauf C..., avaient strictement observé pendant cette période et qui leur paraissait la plus appropriée pour amener les Compagnies à composition ; que, dans les délibérations et résolutions prise à cette date, toutes les décisions antérieures sont maintenues implicitement et même aggravées par les engagements nouveaux ; que, sans doute, les syndiqués, désirant mettre fin à l'expectative qui durait depuis près d'un an et être définitivement fixés sur les intentions des Compagnies leur ont imparti un délai d'un mois pour traiter, en leur faisant connaître que, passé ce délai, il ne serait plus accepté aucun traité ; mais qu'il n'est dit nulle part, pas plus dans l'article 2 que dans les autres, et qu'il ne pouvait être dans l'intention des parties que, durant ce laps de temps, chaque syndiqué reprendrait sa liberté d'action et pourrait traiter les blessés des Compagnies aux conditions qui lui plairaient ; que, loin de vouloir prendre une attitude plus conciliante, le Syndicat a complété les mesures comminatoires antérieures par la fixation d'un délai déterminé et que c'est la seule modification réelle qui paraît avoir été apportée, jusqu'au boycottage final ; que, dans tous les cas, il est manifeste que, même pendant ce délai de grâce accordé aux Compagnies pour choisir et prendre le tarif de faveur et le tarif général, les membres du Syndicat avaient pour devoir strict de ne pas donner des soins pour le compte desdites Compagnies, à des conditions inférieures au tarif minimum ; que c'est, d'ailleurs, ainsi que tous les membres du Syndicat, sauf C... ont entendu et exécuté ;

« Attendu, et sans qu'il soit nécessaire de recourir à

la preuve subsidiairement offerte, qu'il est dès maintenant démontré, tant par les documents versés aux
débats que par les reconnaissances faites par le défendeur dans ses conclusions (page 68), que, soit dans la
période de l'Association amicale, soit depuis la constitution du Syndicat, il a continué à traiter les victimes
d'accidents pour le compte, non seulement des Compagnies dont il avait la clientèle antérieure, mais encore
des Compagnies qui se sont adressées à lui au cours des
pourparlers engagés par la collectivité, et cela à des
conditions inférieures au tarif de faveur adopté ; que les
chiffres indiqués par lui font, en effet, ressortir chaque
accident à 10 francs au lieu de 15 francs, chiffre du Syndicat ; qu'il ressort, en outre, de ses conclusions, que
non seulement le nombre des Compagnies avec lesquelles
il a été en rapport a notablement augmenté, mais encore
que le nombre des sinistres provenant des Compagnies
dont la clientèle était divisée entre lui et certains de ses
confrères s'est considérablement accrue à son profit,
alors que ceux confiés à ces derniers diminuaient au
point d'arriver à rien ou presque rien ; qu'en ce qui
concerne notamment « la Préservatrice », qui avait pour
médecin le docteur D..., concurremment avec le docteur C..., et qui lui avait fait des propositions nouvelles
en vue d'un traité, au moment de l'application de la
loi de 1898, toutes les victimes d'accidents ont été adressées à ce dernier, moins 8, d'après C... lui-même, à
partir du jour où D... a refusé de traiter à d'autres conditions que celles convenues ; qu'il en est de même pour

le docteur T... au regard de la « Providence » et pour
le docteur P... en ce qui concerne le « Patrimoine »;
que ces indications sont pleinement corroborées par le
relevé des déclarations faites aux mairies de Bourgoin
et de Jallieu; que la progression des constatations faites
par C... s'élève graduellement pour constituer à la fin
une espèce de monopole; qu'on soutient, à la vérité,
que les registres des mairies sont tenus avec peu de
régularité, mais qu'en admettant qu'il y ait eu des omis-
sions, il est à présumer qu'elles se sont réparties, à peu
de chose près, dans les mêmes proportions; qu'en rapprochant ces faits matériels des conditions avantageuses
faites par C... aux Compagnies, on acquiert la convic-
tion que les uns sont uniquement la résultante des
autres;

« Attendu qu'il suit de tout ce qui précède que C...
a failli à ses engagements envers le Syndicat, en conti-
nuant à traiter au rabais les blessés que lui adressaient
les Compagnies; que, de plus, bien qu'il reconnaisse avoir
été l'objet des mêmes sollicitations que ses adversaires,
il n'en a jamais fait part dans les diverses réunions succes-
sives, alors qu'il était cependant sollicité par l'attitude
différente des autres membres, qui versaient régulièrement la correspondance échangée avec eux, ainsi, d'ailleurs que l'article 6 de la résolution du 2 juin leur en
faisait un devoir; que cette réserve et le fait que C...
déclare ne pas avoir conservé cette correspondance
peuvent paraître à bon droit suspects; que le défendeur
ne pouvait se faire illusion, ni sur la portée de ses enga-

gements, ni sur les conséquences qu'entraînerait sa
façon de procéder; que s'il avait pensé user d'un droit
légitime en accordant un tarif réduit aux Compagnies,
il n'aurait pas laissé passer sans réponse l'allusion, qu'il
savait inexacte, à la disette d'accidents, insérée dans la
délibération du 4 mars 1900; qu'à ce propos, il ne saurait sérieusement reprocher aux demandeurs leur longanimité à son égard; que, d'une part, en effet, s'ils pouvaient savoir que la clientèle des Compagnies allait à
peu près tout entière à lui, il n'est pas démontré qu'ils
connussent les moyens employés pour obtenir ce résultat; que, d'autre part, ils pouvaient espérer que l'avertissement qui lui était donné sous une forme détournée
porterait ses fruits.

« Attendu que les agissements de C... ont causé au
Syndicat un préjudice certain; que les Compagnies
trouvant auprès de lui la possibilité de faire soigner
leurs blessés à des conditions plus avantageuses que
celles du Syndicat, ont naturellement refusé de traiter
avec celui-ci, alors qu'au début elles ne paraissaient pas
avoir adopté une attitude rendant toute entente impossible; qu'ainsi les membres du Syndicat, restés fidèles
à leurs engagements, se sont trouvés privés, non seulement de la majoration que comportait leur tarif, mais
encore de la clientèle qu'ils auraient pu conserver, au
moins momentanément, si C... avait observé, comme
eux, ses obligations; que le tribunal trouve dans la
cause des éléments suffisants pour fixer les dommages
et intérêts, en tenant compte de la possibilité de l'envoi

par les Compagnies d'un médecin non syndiqué.

« Attendu, qu'en dehors des réparations pécuniaires, il convient d'ordonner l'insertion du présent dans un certain nombre de journaux, aux frais de C..., mais sans les noms des parties ; que cette mesure qui trouve sa justification dans la nature de l'affaire et toutes les circonstances de la cause, est autorisée par l'article 1036 du Code de procédure civile et rentre, d'ailleurs, dans les prévisions de l'article 7 de la résolution du 2 juin, qui accorde au Syndicat la faculté de faire publier dans les journaux les décisions d'exclusion avec un exposé des motifs ;

« Par ces motifs :

« Le tribunal, jugeant en matière ordinaire, premier ressort, le ministère public entendu, sans s'arrêter à aucunes fins ou conclusions contraires, et, en rejetant comme non recevables, ni pertinentes ou dès maintenant controuvées, les preuves offertes par le défendeur en voie subsidiaire, dit que C... a contrevenu aux engagements pris par lui le 2 juin 1900, envers le Syndicat médical de Bourgoin, en restant en rapports professionnels avec les Compagnies d'assurances et en consentant à donner à leurs blessés des soins, moyennant un tarif inférieur à celui proposé par le Syndicat ; dit qu'il a ainsi causé aux demandeurs ès qualités un préjudice dont il doit réparation ; le condamne par suite, à leur payer, avec intérêts de droit, la somme de 200 fr. ; ordonne à titre de supplément de dommages, l'insertion du présent, sans les noms des parties, aux frais de C..., dans le *Moniteur*, l'*Indicateur* et le *Journal de Bourgoin* ainsi que dans le *Concours Médical* de Paris, sans que le coût de chaque insertion puisse dépasser 100 francs ;

« Déclare C... non recevable et mal fondé dans sa demande reconventionnelle ; l'en déboute et le condamne en tous les dépens, dans lesquels seront compris, à titre de supplément de dommages, les droits d'enregistrement des documents qui pourraient donner lieu à cette formalité ;

« Donne acte aux demandeurs de leurs réserves relativement à la confection et à la distribution hors de l'audience, du mémoire imprimé contenant les conclusions de C... ;

« Donne pareillement acte à C... de la déclaration faite au nom de P..., présent à la barre, que la carte de visite de C..., sur laquelle sont écrits les mots suivants « n'ayant pu assister à notre dernière réunion... », lui a été adressée non pas à la suite de la réunion du 15 octobre, mais bien après celle du 10 décembre et que les renseignements complémentaires que C... avait à lui demander et qu'il lui a demandés se rapportaient, non pas aux rapports du Syndicat avec les Compagnies d'assurances, mais bien au principe de la mise en commun du service médical des collectivités. »

Les clauses pénales.

Les syndicats professionnels constituent un contrat d'où dérivent des droits et des obligations. Comme dans les contrats ordinaires, les parties peuvent prévoir l'inexécution des obligations et fixer elles-mêmes et d'avance, le montant de l'indemnité, de l'amende qui devra être payée le cas échéant, au moyen d'une clause pénale par application des articles 1152, 1226 et 1231 du Code civil.

La clause pénale est en principe « une liquidation conventionnelle des dommages et intérêts qui est faite à forfait, puisqu'on ne sait pas d'avance quel sera le dommage réel (1). Elles servent surtout à supprimer toute difficulté sur l'évaluation des dommages subis et sur le montant de l'indemnité qui est due. Souvent elles évitent un procès. Elles ont encore cet avantage conféré par l'article 1152, qu'elles ne peuvent jamais être réduites. Les tribunaux, en effet, ont une tendance à n'allouer souvent que des dommages-intérêts dérisoires lorsque l'importance du préjudice est difficile à déterminer. En donnant à l'assemblée générale le droit de fixer le préjudice on interdit aux tribunaux le pouvoir de réduire, en cas de recours du syndiqué, le chiffre fixé, et leur droit de contrôle se borne à recher-

(1) Planiol. *Traité élémentaire de Droit civil*, t. II; p. 86.

cher si les faits qui ont donné lieu à l'application de
la sanction disciplinaire ont été commis ou non.

En 1902, les syndicats médicaux de Noyon, de Château-Thierry, de Versailles, l'introduisent dans leurs
statuts.

« La discipline syndicale, seule, disait le docteur
Jeanne, président du Syndicat de l'arrondissement de
Versailles, peut nous restituer tout ce que nous avons
perdu jusqu'ici en face des Compagnies d'assurances,
des Mutualités et des différents pouvoirs administratifs.
C'est cette discipline que nous tentons de fortifier par
ces nouveaux statuts : c'est par l'accomplissement
strict et fidèle de nos obligations syndicales que nous
réussirons à sauvegarder nos droits et à supprimer les
abus dont nous souffrons. »

L'article 9 de ces statuts, qui enregistre les nouvelles clauses pénales, fixe en outre une véritable juridiction intérieure.

« 1° Les sanctions applicables en cas d'infraction aux
statuts et résolutions sont valablement prononcées, au
scrutin secret, par l'assemblée générale et à la majorité
relative des membres présents, après enquête du
Bureau, audition des parties et rapport écrit. Elles
peuvent être votées par défaut, si le confrère présumé
délinquant, convoqué par lettre recommandée, d'abord
devant le Bureau enquêteur, ensuite devant l'assemblée générale, ne se présente pas ou ne fait pas
valoir d'excuse admissible.

2° Toute pénalité, appliquée par défaut sera susceptible d'opposition devant l'assemblée générale dans les trois mois de la signification, soit par ministère d'huissier, soit par lettre recommandée.

3° Ces pénalités sont : l'avertissement, le blâme, l'amende de 20 à 1.000 fr., l'exclusion qui pourra se cumuler avec l'amende.

L'assemblée générale décidera, en outre, s'il y a lieu d'exercer contre le syndiqué une action judiciaire en dommages et intérêts, dans le cas où l'amende ne suffirait pas à réparer le préjudice causé au Syndicat. L'assemblée générale qui prononce les deux dernières pénalités, amende ou exclusion, ainsi que la poursuite judiciaire, doit comprendre au moins les deux tiers des membres du Syndicat, et la pénalité ou poursuite ne pourra être prononcée que par les deux tiers des membres présents.

4° A moins qu'il n'en ait été décidé autrement par l'assemblée générale, toutes les sanctions sont inscrites au procès-verbal. Elles peuvent recevoir la même publicité que lui sans que l'intéressé puisse, de ce chef, exercer une action devant les tribunaux contre le Syndicat ou son Bureau. »

Statistique des Syndicats Médicaux.

Les statistiques officielles relatives au développement des syndicats médicaux ne nous apportent pas grands enseignements. Nombreux sont les syndicats irréguliers non déclarés et il est impossible de savoir avec quelque précision le nombre des syndiqués, même appartenant aux syndicats officiels.

En outre, l'historique nous a montré que le mouvement syndical dans la profession médicale a précédé de beaucoup la date officielle de leur naissance.

Aussi, est-ce à titre purement documentaire que nous consignons ici les chiffres donnés par l'Annuaire des Syndicats professionnels :

```
1893 :    25 syndicats
  94 :    61   —
  95 :   102   —
  96 :   110   —
  97 :   115   —
98-99 :   116   —
 1900 :   126   —
 1901 :   127   —
 1902 :   134   —
 1903 :   138   —
```

Voici, suivant les renseignements qui nous ont été fournis par M. le docteur J. Noir, secrétaire de l'Union des syndicats médicaux de France, quelle était leur répartition en 1903 :

Aisne : 3 syndicats : St-Quentin (16 membres). — Chauny et Château-Thierry (10 membres.).

Allier : 1 synd. : Montluçon (15 m.).

Alpes-Maritimes : 2 synd. : Nice (67 m.). — Cannes (25 m.).

Ardennes : 2 synd. : Mézières (30 m.) et Sedan (21 m.).

Ariège : 1 synd. : Foix (36 m.).

Aube : 1 synd. : Bar-sur-Aube (12 m.).

Aude : 1 synd. : Castelnaudary (10 m.).

Aveyron : 1 synd. : Millau (10 m.).

Bouches-du-Rhône : 3 synd. : 2 à Marseille (197 et 85 m.) et Arles (25 m.).

Calvados : 3 synd. : Caen (34 m.), Vire (18 m.), Honfleur (21 m.).

Cantal : 2 synd. : Mauriac (20 m.), Aurillac (30 m.).

Charente : 1 synd. : Cognac (18 m.).

Charente-Inférieure : 2 synd. : La Rochelle (24 m.) et Pons (48 m.).

Corrèze : 2 synd. : Ussel et Brive.

Corse : 1 synd. : Bastia.

Côte-d'Or : 2 synd. : Dijon et Semur.

Drôme : 2 synd. : Montélimar et St-Rambert (42 m.).

Finistère : 3 synd. : Brest, Quimper et Quimperlé.

Gard : 2 synd. : Nîmes et Anduze.

Haute-Garonne : 2 synd. à Toulouse.

Gironde : 7 synd. : 4 à Bordeaux, à St-Vivien, Libourne et Bazas.

Hérault : 2 synd : Montpellier et Béziers.

Isère : 2 synd. : Grenoble et Bourgoin.

Jura : 1 synd. : Dôle.

Loire : 1 synd. : Saint-Etienne.

Haute-Loire : 1 synd. : Yssengeaux.

Maine-et-Loire : 3 synd. : Angers, Saumur et Cholet.

Manche : 2 synd. : Saint-Lô et Cherbourg.

Marne : 2 synd. : Reims et Epernay.

Mayenne : 2 synd. : Mayenne et Laval.

Morbihan : 2 synd. : Lorient et Vannes.

Nord : 11 synd. : 2 à Lille, Hazebrouck, Roubaix, Tourcoing, Douai, Valenciennes, Avesnes, Armentières, La Bassée et Cambrai.

Pas-de-Calais : 2 synd. : Arras et Boulogne.

Puy-de-Dôme : 2 synd. : Ambert et La Bourboule.

Basses-Pyrénées : 1 synd. : Bayonne.

Pyrénées-Orientales : 1 synd. : Perpignan.

Haut-Rhin : 1 synd. : Belfort.

Saône-et-Loire : 2 synd. : Chagny et Mâcon.

Seine-Inf : 4 synd. : Rouen, Le Havre, Elbeuf, Neufchatel.

Seine-et-Marne : synd. : Montereau et Melun.

Seine-et-Oise : 3 synd. : Versailles, Pontoise et Rambouillet.

Somme : 2 synd. : Amiens et Abbeville.

Var : 2 synd. : Hyères et Draguignan.

Vaucluse : 1 synd. : Avignon.

Vendée : 2 synd. : Montaigu et La Roche-sur-Yon.

Yonne : 2 synd. : Sens et Joigny.

Alger, Oran, Réunion : 3 syndicats.

On trouve en outre, 26 syndicats départementaux :

Oise, Seine, Ille-et-Vilaine, Côtes-du-Nord, Sarthe, Loiret, Meuse, Meurthe-et-Moselle, Vosges, Loir-et-Cher, Cher, Nièvre, Haute-Saône, Indre-et-Loire, Loire-Inférieure, Vienne, Deux-Sèvres, Creuse, Haute-Vienne, Rhône, Savoie, Lot-et-Garonne, Lot, Tarn, Haute-Garonne, Hautes-Pyrénées.

Treize départements ne possèdent aucun syndicat médical connu :

Eure, Eure-et-Loir, Indre, Haute-Marne, Doubs, Haute-Savoie, Hautes-Alpes, Basses-Alpes, Ardèche, Lozère, Dordogne, Landes, Gers.

Il ressort néanmoins de ces données que les syndicats médicaux groupent environ un quart du nombre total des médecins.

DEUXIÈME PARTIE

Rôle économique et social des Syndicats Médicaux

SECTION I

La lutte contre les Collectivités.

La lutte contre les collectivités : Sociétés de Secours Mutuels, Compagnies d'Assurances sur la vie et contre les accidents, Assistance Publique et administrations privées de toutes sortes a été jusqu'ici le principal but des syndicats médicaux, celui qui a été leur raison d'être.

« Les associations confraternelles, a-t-on-dit, c'est la bienfaisance, la charité, l'assistance entre confrères ; le syndicat c'est la coalition des énergies, des forces armées contre les empiétements du dehors.

« L'association c'est l'Hôtel des Invalides, le syndicat c'est l'Ecole Militaire. Loin d'être rivales les deux fondations sont connexes. »

Aux syndicats médicaux se sont heurtés bien des adversaires, mais pas un qui nie leur utilité en cette matière (1).

(1) Docteur Dignat. Communication faite à la Société de Médecine Pratique du 2 Mars 1892 : « Je ne vois qu'une seule catégorie de médecins à qui les syndicats puissent offrir des avantages, je veux parler des

Armés de toutes les prérogatives que leur confère la
la large personnalité civile de la loi de 1884, ils apparaissent comme les seuls retranchements solides, der-
rière lesquels se groupent les médecins menacés.

La lutte s'est engagée à propos du système de rétribution des médecins par les collectivités, d'une manière
générale. Celles-ci tenant pour le système forfaitaire
plus commode pour elles, les médecins réclamant au
contraire le système à la visite plus rémunérateur.

Pour imposer leurs conditions, les syndicats ont
organisé la grève. Quelle qu'en ait été l'issue, les individus se sont effacés, seuls les groupements sont restés
face à face, et le contrat collectif de travail a été substitué au contrat individuel préexistant.

Les différents systèmes de rétribution en usage.

Le règlement des honoraires médicaux par les collectivités se fait suivant trois systèmes : à forfait, à la
visite et à l'abonnement.

Le système du règlement à forfait consiste en ce que
la collectivité traite avec un ou plusieurs médecins suivant le nombre de ses malades et leur répartition sur
le territoire de la commune et donne à chacun d'eux
un traitement fixé d'avance.

Médecins des Sociétés de Secours Mutuels, des médecins des administrations privées, voire même des médecins des Hôpitaux et des Hospices
civils dans certaines villes. »

La Société peut encore voter tous les ans une somme fixe qui est distribuée proportionnellement entre les médecins qui ont pris part au service.

Il a pour les Sociétés un avantage considérable, celui de savoir exactement quelle sera la dépense médicale annuelle et d'établir un budget ferme ; elles n'ont pas a subir ainsi le contre-coup des épidémies, d'une catastrophe, ou même les risques d'une maladie longue et coûteuse d'un ou plusieurs de leurs membres.

Le système du règlement à la visite présente au contraire beaucoup d'aléa pour les Sociétés et de grands avantages pour le médecin et on l'a considéré longtemps comme le monopole des Sociétés de Secours Mutuels nombreuses et riches. (1)

Le système de l'abonnement consiste en ce que le médecin reçoit annuellement ou trimestriellement une somme fixée pour chacun des Sociétaires qui l'a choisi pour médecin. Il tient le milieu entre les deux systèmes précédents, au point de vue du fonctionnement.

Chacun de ces trois systèmes présente à la fois pour chacune des parties, des avantages et des inconvénients ; il est difficile de les apprécier d'une manière absolue, différenciés qu'ils sont par les conditions d'exercice de la médecine, suivant les populations et les contrées. Une enquête faite par les soins du Syndicat des médecins de la Haute-Garonne en septembre 1899, nous montre bien cette divergence d'intérêts.

(1) Docteur Gyoux. *Organisation du service médical dans les Sociétés de Secours Mutuels.*

Le *referendum* a porté non pas seulement sur les membres du Syndicat mais sur l'ensemble du corps médical du département. C'est là une remarque importante à faire quant à la valeur des résultats, car il semble bien que les réponses des seuls membres du Syndicat devaient être naturellement en faveur du système à la visite par la force des choses qui au début poussa souvent le médecin à se syndiquer dans le seul but de lutter contre les Sociétés de Secours Mutuels et le système de rétribution forfaitaire presque toujours imposé par elles.

67 médecins ont pris part au vote, les suffrages se sont répartis ainsi :

Système forfaitaire . . . . 29 voix
Visite kilométrée. . . . . 22 —
Abonnement par tête d'inscrit . . . 15 —
Sans opinion . . . .   1 —

En examinant en détail ces résultats, on a constaté que les médecins de l'arrondissement de Saint-Gaudens ont voté en général pour le système de l'abonnement forfaitaire, et ceux de la plaine (Muret et Toulouse) pour le système à la visite.

La raison en est assez facile à apercevoir.

Les médecins de la partie sud du département ont en effet conservé la vieille coutume de soigner leurs clients à forfait par famille ou par tête et la plupart ne voulaient pas modifier cette manière d'agir, car elle est pour eux le moyen certain de connaître les ressources absolues de leur clientèle, d'éviter l'intrusion de quelque confrère entreprenant qui glanerait sur leurs terres, enfin de conserver la sympathie de leurs malades qui ne les taxent pas d'exploiteurs, et de sauvegarder aussi avec leurs intérêts la dignité professionnelle.

Modestes, ils se contentent d'un petit pécule, à condition qu'il soit déterminé d'avance. Ils ne se préoccupent que du pain assuré, ils redoutent les aléas de la rémunération à la visite, car il y a aussi souvent des épidémies de santé que de maladie (1), et exerçant au milieu de populations pauvres relativement, ils supposent que beaucoup de clients, qui pourtant payent bien un abonnement, ne pourraient pas les honorer de leurs visites pour peu que la maladie ait traîné en longueur.

En deuxième lieu pour expliquer leur préférence, il faut tenir compte de ce que leurs circonscriptions, relativement moins étendues que dans la plaine parce que la population est plus dense et que les villages sont plus rapprochés, sont proportionnellement plus rétribuées que dans les autres arrondissements.

En effet, alors que la moyenne prise pour base dans l'établissement des allocations varie de 0,18 à 0,25 centimes par habitant dans le nord ou le centre du département, elle est de 0,25 à 0,35 et même à 0,50 dans le sud, pour le service de l'assistance médicale gratuite.

Or, en raison de cette plus-value ils trouvent avec

(1) Président du Syndicat.

quelque semblant de raison, que le service public de
l'assistance à la circonscription les rétribue aussi bien
que la moyenne de leurs abonnés.

Appartiennent aussi pour la même raison à l'arrondissement de Saint-Gaudens, les partisans de l'abonnement par tête d'inscrit.

Toute autre est au contraire la situation des médecins
de la plaine où le rayonnement de Toulouse attire des
essaims de praticiens, où la vie est plus commode,
plus agréable et où la concurrence médicale est beaucoup plus active et plus rude.

L'allocation forfaitaire avilie par la concurrence
semble ici plus que médiocre, et nullement propor-
tionnée au travail, aussi chacun préfère-t-il y être
rétribué à la visite.

Cette dernière situation est d'ailleurs certainement
la plus répandue en France, l'autre demeurant une
exception, — elle explique le caractère général de la
politique syndicale tendant à l'application du système
à la visite.

Les griefs que l'on reproche au système forfaitaire
sont d'ailleurs nombreux et à côté de son utilité budgétaire, ses inconvénients ne manquent pas, aussi bien
pour les médecins que pour les sociétaires eux-
mêmes.

En première ligne on peut dire qu'il est une entrave
à la liberté du mutualiste participant, celui-ci est
obligé en effet de renoncer à choisir son médecin, à
abandonner même en entrant celui qui jusque là

l'avait soigné, pour prendre exclusivement celui de la Société.

Cet inconvénient déjà sérieux quand il s'agit des hommes l'est bien davantage, on le conçoit, quand il s'agit des femmes (1).

Certains aveux ennuyeux devront être renouvelés toutes les fois qu'il plaira à la Société de s'adresser à un autre médecin, le sociétaire ne pourra plus avoir son médecin de la famille.

Il est évident encore qu'un médecin, qui par son talent s'est constitué une clientèle rémunératrice, refusera de soigner les membres de la Société contre les honoraires dérisoires que celle-ci lui offre, et que l'abaissement progressif des honoraires tend à écarter des sociétés les médecins offrant de sérieuses garanties.

Il faut remarquer enfin que les médecins, dans les villes surtout, qui acceptent le forfait, traitent avec plusieurs Sociétés pour arriver à une rémunération totale suffisante. Mais dès lors ils se trouvent condamnés à voir le même jour un grand nombre de malades et les soins qu'ils leur donnent, même s'ils sont instruits tendent à devenir moins attentifs. Ils n'apercevront pas à temps le symptôme révélateur de telle ou telle complication qui, prise au début, peut être évitée ou guérie.

Du côté des médecins, les mêmes faits, les mêmes remarques soulèvent des objections parallèles, montrant la solidarité d'intérêts qui existe au fond entre

(1) Voir D' Maurel. *Fédération médicale*, Toulouse, mars 1903.

les médecins et les collectivités, comme d'ailleurs dans l'industrie entre patrons et ouvriers.

On reproche au forfait d'abaisser le niveau moral de la profession en offrant une sorte de prime aux médecins médiocres que la clientèle ordinaire fuit.

Non seulement le médecin de la famille voit les Sociétés enrégimenter une partie de sa clientèle, diminuant d'autant le prix de ses honoraires, mais souvent encore le forfait la lui enlève complètement pour l'adresser au confrère qui a accepté à forfait la rémunération la plus basse.

La rétribution à la visite semble parer à ces multiples inconvénients, mais quels aléas ne présente-t-elle pas d'autre part pour les finances des collectivités?

Avec elle le malade peut garder son médecin et le médecin sa clientèle, ils peuvent se quitter mutuellement sans entraver le service médical, la rémunération est proportionnelle aux soins donnés, mais le souci de ses malades guidera-t-il toujours le médecin dans le nombre de ses visites et ne sera-t-il pas tenté d'abuser un peu de la garantie pécuniaire que les collectivités donnent au paiement de ses honoraires?

Le système de rémunération à l'abonnement par tête d'inscrits ne semble pas avoir de chauds partisans ni d'un côté ni d'un autre, sans doute parce qu'étant un système mixte, il ne donne complète satisfaction à personne. Pourtant ses avantages ne sont pas à dédaigner ; les honoraires du médecin s'élèvent dans une certaine mesure suivant l'activité qu'il déploie dans le service et la confiance qu'il inspire, et la collectivité n'a pas dans ses prévisions budgétaires les incertitudes menaçantes qu'offre le système à la visite. Le coût du service médical est en effet, d'avance connu, déterminé.

Quoi qu'il en soit et malgré quelques solutions différentes isolées, imposées par des circonstances particulières et qui demeurent une exception, c'est le système à la visite que les syndicats médicaux et l'union des syndicats ont inscrit sur le programme de leurs revendications, et à cause non seulement des avantages pécuniaires qu'elle offre au médecin, mais aussi parce qu'elle est plus en rapport avec l'esprit libéral de la profession.

La Grève Syndicale

Les syndicats ont donc essayé de discuter les conditions du travail avec les collectivités ; quand celles-ci n'ont pas voulu écouter leurs revendications ou qu'elles ont repoussé leurs propositions, ils ont organisé la grève. C'est en effet, comme dans l'industrie, par la cessation absolue et générale de tous rapports avec les collectivités que les syndicats sont arrivés à imposer leurs conditions. La grève est préparée d'avance, elle est suspendue comme une perpétuelle menace au-dessus des collectivités.

D'une manière générale, tout médecin en entrant dans le syndicat doit aliéner une partie de sa liberté, s'engager par avance à ne pas contracter individuellement avec la collectivité. Nous avons vu déjà un engagement de cette sorte pris contre les compagnies d'assurances par le Syndicat médical de Bourgoin et la sanction judiciaire qu'un tel cas comporte.

Les membres du Syndicat devaient cesser tous rapports avec les compagnies qui refuseraient de traiter avec le Syndicat dans le délai indiqué, avec cette réserve que leurs soins iraient aux ouvriers blessés sous la seule responsabilité des patrons en ce qui concerne le paiement de leurs honoraires.

Voici, à titre d'exemple, un extrait des statuts adoptés en 1895 par le Syndicat des médecins de la vallée de la Meuse à l'effet de résister aux exigences des Sociétés de Secours Mutuels :

« 1° A l'avenir aucun médecin ne devra accepter de traiter à forfait avec une Société de Secours Mutuels ;

« 2° Si une place de médecin de Société de Secours Mutuels, avec laquelle il existe un forfait, devenait vacante par suite de la démission volontaire et écrite du titulaire ou pour toutes autres raisons, aucun médecin ne devra accepter de continuer ce forfait ;

« 3° Si pour une cause quelconque un médecin veut résilier un forfait pour se conformer à l'art. 4, et si par suite il s'élève un conflit entre lui et la Société, il recevra l'appui du Syndicat tout entier et aucun médecin ne devra occuper sa place ;

« 4° Quand une difficulté surgira entre une Société de Secours Mutuels et son médecin, celui-ci avertira le bureau du Syndicat qui s'interposera pour la conciliation. »

Contre l'Assistance, le Syndicat médical de Libourne
a pris une décision analogue dans sa séance du 15
avril 1902 :

« Le Syndicat médical de Libourne, après délibération, en réponse aux offres de diverses municipalités,
confirme ses décisions antérieures relatives au tarif de
l'assistance médicale gratuite et demande le maintien du
tarif à la visite comme il a été appliqué jusqu'à ce jour.

« En outre le Syndicat interdit à ses membres de
traiter avec les communes directement sans avoir l'autorisation de l'assemblée générale du Syndicat.

« En outre le Syndicat invite les confrères qui auraient pris des engagements à ce sujet à les rompre
immédiatement.

« La présente décision sera portée à la connaissance
de tous les médecins de l'arrondissement de Libourne. »

Ainsi donc le syndicat après avoir groupé et disci-
pliné ses membres essaie de généraliser la grève en
attirant dans la coalition les médecins non syndiqués
et en leur promettant par avance son appui. La collectivité ne peut en effet être amenée à composition que
si la totalité des médecins refuse d'accepter ses propositions ; il suffira bien souvent, en effet, des soins
momentanés d'un seul médecin pour les malades ou
les blessés de toute la collectivité ; une seule défection
d'un médecin peut donc assurer la victoire à celle-ci.

Aussi presque toujours arrive-t-il que le syndicat
organise la résistance et la lutte en dehors de ses
propres limites et que la coalition momentanée de tous

les médecins contre la collectivité ennemie n'a pas pour cadre absolu le syndicat lui-même.

C'est un fait identique à celui qui a été souvent noté à propos du rôle des syndicats ouvriers dans les grèves industrielles, ils sont en quelque sorte des cadres prêts à la mobilisation, mais qui se vident en temps de paix.

Bien souvent des inimitiés ou des haines personnelles, la jalousie, des opinions politiques différentes, éloignent du syndicat tel médecin qui entrera volontiers dans la coalition contre l'ennemi commun.

A l'apparition de la loi de 1898 sur les accidents, le Syndicat médical de l'arrondissement de Versailles aboutit à une entente presque unanime de tous les médecins de la région syndiqués ou non, liés par un engagement d'honneur et s'interdisant toutes concessions particulières avec les compagnies.

C'est ainsi encore qu'en dehors du Syndicat un grand nombre de médecins de Brest et des environs se sont coalisés l'année dernière contre les Sociétés de Secours Mutuels de Brest, Lambezellec et St-Pierre-Quilbignon, Ils ont adressé collectivement leurs propositions à chaque président de Société locale (1) :

« Les médecins soussignés sont résolus à n'apporter aucune modification aux décisions prises par eux et s'engagent dans le cas où vous ne leur auriez pas fait parvenir, avant le 28 février, votre adhésion formelle aux conditions qu'ils vous font connaître :

(1) Concours Médical. 1903.

« 1° A vous envoyer dès le 1er mars, leur démission de médecin de votre Société ;

« 2° A cesser immédiatement toutes relations officielles ou officieuses avec toutes les Sociétés non acceptantes :

« 3° A refuser énergiquement de signer les feuilles de visite des malades ;

« 4° A inscrire leurs ordonnances sur papier libre, à ne se servir jamais des imprimés de la Société et à ne faire figurer sur leurs prescriptions ni le nom, ni le numéro d'ordre du sociétaire ;

« 5° A ne plus considérer à l'avenir chaque membre des Sociétés non adhérentes que comme des clients ordinaires, auxquels ils enverront directement leurs notes d'honoraires, se réservant d'en poursuivre au besoin le paiement par tous les moyens que la loi leur confère. »

Si les collectivités résistent et ne tiennent compte de cette mise en demeure, c'est la cessation absolue de tous rapports avec elles.

Les membres du syndicat ne refusent pas de donner leurs soins aux malades et aux blessés, mais, en exigeant d'eux ou du patron responsable le paiement intégral de la visite et des opérations au tarif ordinaire, ils amènent ceux-ci à opérer une pression sur la direction de la collectivité.

Les précautions prises par les médecins de ne pas se servir des formules et des imprimés de la Société, de ne faire aucune déclaration, rend tout contrôle impossible et désorganise complètement le service médical de la collectivité ; celle-ci doit accepter les propositions du syndicat ou appeler un médecin étranger.

Cette dernière alternative s'ouvre à la Société.

Si la rétribution qu'elle offre est suffisante pour permettre de vivre à un médecin, elle en trouvera assez facilement.

Elle fera donc appel à un médecin du dehors.

Pourtant le syndicat ne désarme pas, il continue à considérer comme des clients ordinaires les malades appartenant à la collectivité et qui réclament des soins de ses membres.

Par des avis insérés dans les journaux (1) professionnels, il tient le corps médical tout entier au courant de la lutte et met en garde les médecins contre les offres alléchantes de la collectivité et les invite à se solidariser avec eux, les menaçant d'une mise à l'index en cas d'une défection de leur part.

Le Congrès de Déontologie de 1900, saisi d'une question semblable a voté à l'unanimité la déclaration suivante proposée par le docteur Poitou-Duplessy. « Tout médecin qui, dans un conflit entre un groupe de médecins et une administration ou collectivité, vient appuyer cette dernière contre des confrères est indigne du corps médical, — et encore la conclusion du docteur Grasset : « La Médecine au rabais est condamnable quand elle constitue un moyen indélicat d'enlever des clients

(1) Notamment dans le *Concours Médical* 1903, V. les avis des Syndicats de Roubaix, Brest, Bourg, etc., etc.

à ses confrères, quand elle met la clientèle en sous-
enchère. »

Si malgré tout, au mépris de ces sanctions morales
un médecin accepte le forfait offert par la collectivité, la situation du syndicat devient difficile.
Pourtant toute résistance ne lui est pas impossible
surtout vis-à-vis des Compagnies d'assurances depuis
la loi de 1898, qui autorise le blessé à choisir son
médecin.

Des placards rappellent aux ouvriers leurs droits, on
leur dit de refuser l'accès de leur domicile au médecin de la Compagnie, de refuser de se rendre à son
cabinet. Si le blessé choisit un médecin syndiqué
celui-ci envoie les certificats directement à la mairie,
refuse tous renseignements à la Compagnie qui est
ainsi obligée d'avoir chaque fois recours à un médecin
expert. C'est ainsi que les médecins de la Sarthe ont
triomphé des Compagnies d'assurances.

Si le syndicat sait maintenir l'entente entre ses membres, si par un engagement d'honneur, les médecins
dissidents se solidarisent à lui, il obtient fatalement la
victoire.

Le Contrat collectif.

Le contrat collectif (1) de travail sort naturellement
de la grève et de la coalition. Il est la conséquence du

(1) Au sens économique il faut entendre par là tout arrangement
relatif aux conditions du travail concernant plusieurs ouvriers — au
sens juridique le contrat collectif est un contrat de droit commun portant

groupement des individus et du développement des syndicats ; il est une résultante du grand mouvement social, procédant du simple au composé, de l'isolement et de la dispersion à la concentration des forces, suivant la loi générale d'évolution de tous les êtres vivants.

Partout l'individu s'efface et la collectivité se dresse, rassemblant les forces isolées et les coordonnant en vue de la satisfaction d'un intérêt commun ou de la réalisation d'un même idéal, — sociétés financières, mutualités, syndicats professionnels, associations multiples. Partout la collectivité trouve en face d'elle, un autre groupement. Ainsi les Sociétés de Secours Mutuels locales sont obligées de discuter avec le Syndicat local des médecins; — l'Union des Sociétés se heurte au Syndicat départemental ou à l'Union des Syndicats, et la loi de 1898 n'a-t-elle pas conduit au conseil supérieur de la Mutualité, un député officiel des Syndicats ?

Par la force des choses le contrat collectif se trouve donc substitué au contrat individuel ; que peut en effet, l'individu, la simple unité numérique entre les armées en présence ?

Aussi le contrat collectif a-t-il pris une grande extension en ces dernières années, dans toute l'industrie notamment, et il est remarquable que la même institu-

sur les conditions du travail et passé entre un patron ou un groupement professionnel de patrons d'une part, et des ouvriers réunis en syndicat ou en tout autre goupement passager d'autre part. Avec ce caractère particulier, que les conditions stipulées profitent le plus ordinairement à des collections d'individus. — Raynaud, *Le contrat collectif du travail.*

tion se soit développée presque parallèlement dans la profession médicale si différente en apparence des autres corps de métiers.

La raison en est pourtant à la similitude de l'organisation syndicale. La crise subie est identique ; aussi c'est le même avilissement des salaires, dû à l'énorme concurrence.

En effet, le but du contrat collectif, son avantage principal est de limiter cette concurrence, ou plus exactement de limiter le domaine dans lequel s'exerce cette concurrence en en restreignant les moyens soit par une fixation générale des heures de travail, soit par un mode de rémunération spécial, soit par l'établissement d'un tarif minimum de salaires, — réglementation qui permet à l'homme mourant de faim d'obtenir le même salaire que l'ouvrier qui n'attend pas sa paye pour vivre.

Il soustrait les conditions du contrat à l'influence des situations purement individuelles des contractants.

Il est l'application du principe : pour identique effort, identique rémunération.

C'est ce principe qui semble avoir guidé les syndicats médicaux dans tous leurs projets de contrats collectifs ; ils repoussent, en effet, tout d'abord le système à forfait de paiement au temps, qui ne proportionne nullement la rémunération au travail, pour le système à la visite, de paiement à la tâche, qui permet au contraire d'établir facilement cette proportion ; et pour faire donner à ce dernier système toutes ses consé-

quences égalitaires, ils demandent en outre le libre
choix du médecin par le malade.

Cependant bien des solutions non conformes sont
intervenues.

Cela tient à ce que le contrat collectif médical est
presque toujours en même temps un contrat de travail
précis. Il ne se borne pas, comme il arrive généralement
dans l'industrie, à une réglementation générale
des moyens de concurrence ; il stipule en outre le travail lui-même et les parties entre lesquelle il devra
être effectué. — Le nombre restreint des médecins
comparé à celui des ouvriers dans l'industrie, l'unifor-
mité du travail médical, expliquent cette précision plus
grande du contrat, cette différenciation plus accentuée.

Le contrat de travail doit tenir compte, en effet, des
différences d'organisation et de fonctionnement des collectivités, de la diversité des milieux, des mœurs, des
usages et aussi des variations de valeur de l'argent
selon les régions.

Le contrat collectif médical ne se borne pas seulement au règlement des conditions du travail suivant
les besoins du moment, mais presque toujours, il pré-
vient encore le retour de nouveaux conflits et s'efforce
de les résoudre par avance autant qu'il est possible,
par l'institution de commissions mixtes d'arbitrage. —
Le Syndicat médical du Rhône notamment a inséré
dans ses contrats avec les Sociétés de Secours Mutuels
et l'Assistance publique, des conventions de ce genre,
qui ont eu d'heureux résultats, de même que le Syn-

dicat médical de l'arrondissement de Versailles, dans son contrat avec les Sociétés de Secours Mutuels.

1°. — *Contrat collectif entre le Syndicat du Rhône et l'Assistance* (1).

Les rapports du Syndicat médical du Rhône avec l'Assistance ont été réglés en 1898, par une commission composée de 8 conseillers généraux dont 6 étaient médecins, du président du Syndicat des pharmaciens du Rhône, du pharmacien en chef des Hôpitaux et du président du Syndicat médical. Ce dernier fut nommé président de la commission.

La rémunération est ainsi tarifée : 1 fr. par consultation et 1 fr. 50 par visite dans un rayon d'un kilomètre, plus 1 fr. par kilomètre en sus au delà du premier, pour l'aller et le retour. La nuit, le tarif est doublé, même pour l'indemnité kilométrique. Le service de nuit est compté de 8 h. du soir à 8 h. du matin.

Le contrat prévoit les consultations à jour et heure fixes, au domicile du médecin ou au dispensaire municipal. La rétribution est faite par vacation de 5 fr. s'il n'y a qu'une consultation par semaine et de 3 fr. s'il y en a plusieurs.

Un règlement chirurgical doit être arrêté tous les trois ans par le préfet.

(1) Renseignements fournis par M. le Dr Odin, de Lyon,

Les cas litigieux et les taxations d'opérations non prévues, sont réglés par une commission composée de 4 médecins et de 2 pharmaciens faisant partie du service. Ils sont choisis par le préfet sur une liste dressée par les médecins et pharmaciens du service en nombre double des membres de la commission.

2°. — Contrat collectif entre le Syndicat du Rhône et les Sociétés de Secours Mutuels (1).

Le contrat date de 1903. Le tarif à l'abonnement préexistant est remplacé par celui à la visite. Le prix de la consultation est de 2 fr., celui de la visite : 2 fr. 50. Les sociétaires ont le droit de choisir leur médecin sur une liste dressée par le Syndicat et composée de tous les médecins voulant faire partie du service.

Le montant des honoraires est versé par les Sociétés à la caisse du Syndicat qui fait la répartition aux médecins ayants droit.

Toutes les autres interventions chirurgicales sont laissées à débattre entre le sociétaire et le médecin.

Les litiges sont réglés par une commission mixte, composée de trois présidents mutualistes et de trois délégués du Syndicat.

(1) Renseignements fournis par M. le Dʳ Odin, de Lyon.

Syndicat médical de Bordeaux

*Exemple de contrat collectif ayant pour base le système
de rétribution à la visite combiné avec l'abonnement.*

Le contrat collectif se forme par l'adhésion des
Sociétés de Secours Mutuels aux règlements statutaires
du Syndicat.

Les soins sont rétribués exclusivement par visite
pour le sociétaire, par visite ou par abonnement pour
la famille.

Le prix de la visite à domicile est de 2 fr. dans la
ville et de 3 fr. en dehors de l'octroi et dans les limites
d'un kilomètre.

Le prix de la consultation dans le cabinet du médecin est de 1 fr. ; celui de la visite de nuit, 10 fr., c'est-
à-dire de 11 h. du soir à 7 h. du matin, comme pour le
service de nuit de la ville.

Le prix d'une opération de petite chirurgie faite
dans le cabinet du médecin est de 2 fr.

Le prix de l'abonnement en ville est de : 1° — 6 fr.
pour la femme, 2° — 12 fr. pour la femme et les enfants
jusqu'à l'âge de 18 ans.

En dehors de l'octroi et dans la limite d'un kilomètre, le prix de l'abonnement est : 1° — 8 fr. pour la
femme seulement et 2° — 16 fr. pour la femme et les
enfants jusqu'à l'âge de 18 ans.

Les abonnements sont semestriels et se paient d'avance.

Le Syndicat médical dessert 16 Sociétés au moyen de 32 médecins (1).

3°. — Contrat collectif entre le Syndicat de l'arron-dissement de Versailles et les Sociétés de Secours Mutuels (2).

Sur l'initiative du docteur Jeanne, président du Syndicat médical de l'arrondissement de Versailles, une commission mixte composée de 5 délégués de l'Union des Sociétés Mutuelles des cantons d'Argenteuil et de Montmorency d'une part, et de 5 délégués du Syndicat médical de l'arrondissement de Versailles, s'est réunie le 23 décembre 1902, à l'effet d'élaborer un règlement général établissant les rapports entre les médecins et les Sociétés de Secours Mutuels représentés.

La composition de la commission ne correspondait pas absolument à une circonscription administrative, puisque, d'une part, il s'agissait du Syndicat médical de tout l'arrondissement de Versailles et que, d'autre part, n'étaient représentées que les Sociétés de Secours Mutuels du canton d'Argenteuil, pour l'arrondissement de Versailles, et que de plus l'étaient aussi les Sociétés

(1) Congrès de la Mutualité 1900.
(2) Concours médical, 1904.

du canton de Montmorency, appartenant à l'arrondissement de Pontoise.

Le Syndicat représentait les quatre cinquièmes des médecins de l'arrondissement, et les délégués des Sociétés de Secours Mutuels des deux cantons représentaient quinze Sociétés. Malgré l'importance des intérêts représentés et la valeur d'un semblable accord, le contrat collectif ne pouvait être parfait que pour le canton d'Argenteuil, mais il avait une portée morale considérable pour l'arrondissement tout entier, tant à cause de la popularité de l'un des délégués, M. Retali, dans le monde mutualiste que par le rôle important joué par le Syndicat médical de Versailles, au point de vue des intérêts professionnels des médecins, sur tout le territoire.

Après discussion, la commission a adopté les 5 articles suivants :

« Art. I. — Tout candidat mutualiste ou toute famille dont l'enfant est proposé à la Mutualité, paie le certificat médical au prix de 3 fr. ; dans le cas d'indigence constatée par inscription sur la liste d'Assistance médicale, le certificat est gratuitement délivré.

« Art. II. — Le choix du médecin s'exerce en toute liberté pour les sociétaires et assimilés, parmi ceux qui exercent habituellement dans la commune et qui acceptent les conditions du service médical de la Société.

« Art. III. — Les Sociétés procurent les soins complets ; la note d'honoraires du médecin est établie pour les soins chirurgicaux suivant le tarif départemental d'Assistance chirurgicale.

« Art. IV. — Toute contestation entre la Société et un ou plusieurs membres du service médical sera tranchée souverainement par un tribunal d'arbitrage. La Société choisira son arbitre, le service médical choisira le sien. Ceux-ci en cas de désaccord feront choix d'un troisième pour les départager.

« Art. V. — A titre de vœu : Il est désirable que chaque Société fasse place dans son bureau à un médecin élu par ses collègues de la Société avec voix consultative. »

Rapports particuliers des Syndicats médicaux avec les Sociétés de Secours Mutuels.

Le service médical est l'élément essentiel, le rouage indispensable au fonctionnement de la Société de Secours Mutuels, aussi les rapports du médecin et des Sociétés sont-ils constants et ont-ils toujours préoccupé les congrès de mutualités et les associations médicales.

Déjà, dès l'apparition des premières Sociétés de Secours Mutuels après la loi de 1852, la question est discutée par les associations.

Mais d'une manière générale ces dernières sont favorables aux Sociétés de Secours Mutuels. Elles ne sont elles-mêmes, en effet, que des mutualités basées sur le même principe de solidarité sociale, procédant du même esprit ; d'autre part, elles sont dirigées par l'élite de la science médicale, des professeurs, des savants, qui ignorent les difficultés et les peines du petit médecin de province, qui désespérément commence à se débattre contre les Sociétés grandissantes.

La question est portée devant l'assemblée générale de l'Association des médecins de France, où deux rapports remarquables de M. Davenne « mettent au point les revendications des médecins et les apprécient à leur juste valeur ».

Cependant les plaintes deviennent de plus en plus nombreuses ; sur certains points le conflit devient aigu ; des médecins vont jusqu'à proposer de ne faire nulle attention aux Sociétés et de soigner leurs membres comme de simples clients ordinaires qui doivent payer directement les honoraires.

Mais la majorité n'est point de cet avis, et l'assemblée générale du 27 octobre 1862 adopte des conclusions conciliantes :

« 1° Les associations médicales peuvent par une convention tacite entre les membres qui les composent, adopter tel mode de rapport et de rémunération qui leur paraîtra le plus convenable et le plus digne de la part des Sociétés ouvrières et le plus conforme aux habitudes et aux exigences de chaque localité.

« 2° Il est d'autant plus à désirer que l'accord le plus complet s'établisse entre les membres des Sociétés médicales sur cette matière, qu'elle ne saurait être l'objet d'une réglementation obligatoire et reste dans le domaine de la conscience et de la dignité professionnelle. »

La question posée de nouveau à l'assemblée générale en 1882 est, à la suite d'un rapport de M. le Dr Bucquoy. résolue dans le même sens et des conclusions semblables sont adoptées.

Une solution unique, obligatoire, réglant en outre la question d'une façon précise était difficile a trouver ; en effet les rapports des médecins et des mutualités étaient bien différents alors suivant les populations et les contrées.

L'encombrement médical n'a pas encore inondé le pays de médecins et si, dans les villes, on en trouve plusieurs vis-à-vis des Sociétés de Secours Mutuels, au contraire, dans les campagnes, on trouve en face d'elles un seul médecin qu'il faudra même quelquefois aller chercher au loin.

De plus, le conflit n'est aigu que sur certains points, d'une manière générale il semble même que les Sociétés de Secours Mutuels vont rendre quelques services aux médecins.

Elles tendent à détruire, dans les campagnes surtout, les préjugés de l'empirisme, le prestige des charlatans et des rebouteux, en obligeant les sociétaires à s'adresser aux médecins, d'ailleurs pour un prix moindre que celui du rebouteux par suite du forfait.

D'autre part, elles garantissent la solvabilité de leurs adhérents, tous nécessiteux à l'origine, et si le Dr Toubin estime que la perte ainsi évitée ne dépasse pas 1/10 dans le Jura, le D⟨r⟩ Surmay, de Ham, l'estime au 1/3 de la clientèle des Sociétés.

Mais favorisées par le Gouvernement et grâce à la diffusion de l'esprit de solidarité dans les classes ouvrières, les Sociétés de Secours Mutuels prennent un essor prodigieux. En 1852 on en comptait seulement 2.432, avec un encaisse de 10.700.000 fr. ; en 1883 on en compte déjà 7.459, avec un avoir de 40 millions ; en 1893 on en trouve 10.328 avec 217.116.385 fr.

De proche en proche dans les centres industriels, dans les villes, dans les campagnes, elles se multiplient et s'étendent, groupant les nécessiteux d'abord, attirant l'ouvrier aisé ensuite, l'employé, le directeur même et toute leur famille ; elles enregistrent la presque totalité de la clientèle du médecin. Spéculant sur la concurrence, elles mettent aux enchères le service médical qui s'avilit en même temps qu'elles s'étendent davantage.

C'est contre ce double danger qu'ont lutté les syndicats.

D'une manière générale, malgré quelques exceptions dues à des circonstances très particulières, leurs efforts ont tendu à limiter, d'une part l'invasion des Sociétés et d'autre part la faveur de traitement exclusif accordé à certains médecins.

Les revendications ont été formulées ainsi par le délégué des syndicats au Conseil supérieur de la Mutualité :

1º Elimination des personnes aisées et des sociétaires
enrichis.

2º Règlement des honoraires médicaux à la visite
avec la liberté laissée aux mutualistes de choisir leur
médecin.

1º. — *Elimination des personnes aisées.*

La loi a créé dans les Sociétés de Secours Mutuels
deux sortes de membres: les membres participants et
les membres honoraires, mais elle n'a pas déterminé
quelles conditions sociales devaient remplir les uns
et les autres laissant libre chaque Société de fixer elle-
même des règles à cet égard.

Mais la difficulté d'appréciation de l'état de fortune de
chacun, l'intérêt des Sociétés d'accepter le plus grand
nombre d'adhérents, et pour ceux-ci les avantages de la
mutualité et aussi le développement de l'idée de solidarité, ont rendu difficile tout contrôle sévère et poussé
vers les Sociétés un grand nombre de personnes aisées
au grand détriment des médecins.

On ne saurait reprocher à ceux-ci d'avoir protesté
contre cet état de choses qui leur était préjudiciable au
plus haut point, quelque opinion que l'on puisse avoir
sur la légitimité de leurs revendications d'autre part
et sur le développement des mutualités au point de vue
social. Par suite de la concurrence de plus en plus
grande, le médecin n'a plus à visiter qu'une clientèle

limitée, dont la partie aisée seule le rémunère de ses soins, lui rapportant bien juste de quoi vivre au prix d'un labeur pénible. Réduit déjà à la portion congrue comment vivra-t-il désormais, si ces gens aisés qui étaient sa seule ressource viennent exiger de lui des soins à l'abri du forfait ridicule qu'il aura consenti pour les pauvres?

Plus malheureux que ces mutualistes de la dernière heure, comment oserait-on le contraindre encore à faire la charité de son art?

Pour l'intérêt bien entendu de tous un pareil état de choses était mauvais. Nulle collection d'individus ne peut se passer d'un secours du médecin, mais c'est une obligation sociale que de le rémunérer.

C'est par la grève que le syndicat est arrivé à entraver cet abus.

Puisque la Société n'osait faire la distinction nécessaire entre les membres qui venaient à elle, les syndicats ont résolu de faire eux-mêmes les sélections nécessaires, d'exercer une véritable inquisition, de n'accorder leurs soins au tarif réduit consenti qu'aux seuls ouvriers que la maladie ou le chômage causé par la maladie conduit à la misère; et de soigner au contraire au tarif habituel tous les membres se trouvant dans une situation d'aisance qui leur permet de payer les visites au prix de la clientèle ordinaire.

Ainsi, entre autres, le Syndicat médical des Basses-Cévennes adopte en 1893 à l'unanimité les conclusions suivantes:

« L'admission dans les Sociétés de Secours Mutuels, comme membres participants, des personnes manifestement aisées, portant un grave préjudice aux intérêts des médecins, ceux-ci considérant que ces Sociétés ne sont des institutions véritablement logiques que pour les ouvriers vivant au jour le jour sur leurs salaires quotidiens, décident qu'ils n'acceptent le tarif de 1 fr. par visite que pour cette seule catégorie de sociétaires, et se réservent de réclamer aux membres qui n'appartiennent pas à la classe des journaliers, le complément de la visite ordinaire, soit 1 fr. Avis de cette décision sera donné aux bureaux des Sociétés de Secours Mutuels qui en informeront les adhérents. »

Et la menace est mise à exécution ; « les médecins se basant sur les apparences de confort dans les intérieurs de certains membres participants, auprès desquels ils étaient appelés, ont refusé de les examiner », constate officiellement le rapport sur les opérations des Sociétés de SecoursMutuels pour l'année 1895.

Et la campagne réussit et amena une intervention des pouvoirs publics.

Le même rapport présenté en 1897 au Président de la République par M. L. Barthou, constate en effet cet abus des mutualités et invite les Sociétés à réformer leur mode d'admission :

« C'est aux Sociétés qu'il appartient de prendre des renseignements sur leurs adhérents et de ne pas accorder à ceux qui peuvent être membres honoraires, les avantages attribués à leurs membres participants. Mon

administration reconnaît que sur ce point les griefs des
médecins sont fondés, et elle ne saurait trop recomman-
der aux administrateurs des Sociétés de Secours
Mutuels d'apporter la plus grande circonspection dans
la réception des nouveaux sociétaires participants et de
faire des observations aux anciens qui devraient aller
dans l'honorariat, car il y a là une exploitation indigne
du caractère mutualiste et de nature à déconsidérer
l'institution elle-même. »

2°. — *Règlement des Honoraires Médicaux à la visite
avec la liberté laissée aux Mutualistes de choisir
leur médecin.*

Nous avons vu en examinant les différents systèmes
de rétribution en usage, les avantages et les inconvénients de chacun d'eux et les raisons qui faisaient pré-
férer le système à la visite par les syndicats.

C'est seulement quant au mode de rétribution que
les syndicats médicaux réclament le système à la visite
des Sociétés de Secours Mutuels, mais non quant au
taux même des honoraires. Cette dernière mesure n'a
jamais été employée que dans les moments de grève,
comme une arme pour amener les sociétaires à forcer
la main au conseil de direction de la Mutualité.

Le taux de la visite pour les sociétaires varie généralement entre le taux de la visite ordinaire et le tarif de
l'assistance médicale gratuite. Les ouvriers qui en principe composent les Mutualités, se trouvent en effet dans

un état de fortune intermédiaire entre la classe aisée et les indigents.

Mais une autre raison a contribué à fixer le tarif de la mutualité au-dessous du tarif ordinaire, c'est la garantie de paiement, la solvabilité de la Société, chargée de recouvrer et d'encaisser les cotisations de ses membres et qui ne peut disparaître brusquement tout entière comme chacun des membres qui la composent.

C'est encore par la grève que dans les conflits locaux, les syndicats sont arrivés à imposer aux Mutualités le système de rétribution à la visite; mais, au-dessus de ces luttes vives, par la simple discussion entre des délégués des deux groupements s'ébauchait une œuvre plus large, l'élaboration du contrat collectif national.

Dès le début les syndicats ont compris que ce n'était pas en bataillant en tirailleurs avec toutes les Sociétés une à une qu'ils obtiendraient une solution définitive du conflit, mais qu'il était préférable d'apporter les revendications du corps médical tout entier et de les justifier soit auprès des pouvoirs publics, soit dans les hauts conseils de la Mutualité afin de régler les rapports par un contrat collectif étendu.

La voie nouvelle a été tracée par le Syndicat des médecins de la Seine qui, le premier, s'affilia à la Ligue nationale de la Prévoyance et de la Mutualité, fédération pour l'étude des questions mutualistes.

Le président du Syndicat, le D^r Le Baron, assiste au Congrès des Mutualistes de 1892 à Bordeaux; il déclare que les médecins ne voulaient plus donner des soins à prix réduits aux membres riches des Sociétés (1).

La situation est alors fortement tendue entre mutualistes et médecins, et les syndicats ont fort à faire.

Dans un rapport au Président de la République, en date du 1er novembre 1893, M. Ch. Dupuy, ministre de l'Intérieur, les dénonce comme un danger public.

Cependant l'Union des Syndicats adhère à son tour à la Ligue de la Prévoyance et de la Mutualité et essaie de persuader les mutualistes des dangers qu'une mauvaise organisation médicale fait courir aux Sociétés. Elle charge, en 1894, M. Savornin de la rédaction d'un rapport « sur la position des médecins mutualistes », exposant les motifs du mécontentement des médecins et les réformes nécessaires. Le mécontentement provenait de la richesse exagérée de certaines Sociétés, de l'insuffisance des honoraires, de la multiplication menaçante des Sociétés, de l'infiltration des médecins étrangers dans leur service médical et enfin de la participation de gens très riches aux avantages consentis par les médecins dans un but de philanthropie.

M. Savornin demandait aux Sociétés de remédier à ces abus, faisant remarquer que le service médical fait avec plus de soin, donnerait aux mutualistes des ressources nouvelles, par le fait d'une économie considérable sur les fais de pharmacie et de convalescence, que cette économie suffirait au delà à couvrir les frais du relèvement des honoraires médicaux ».

(1) Dr J. Noir, *Aperçu historique sur l'Union des Syndicats médicaux*.

Ce rapport fut lu devant une commission mixte de la Ligue de la Prévoyance et de l'Union, établie en permanence pour étudier les questions médicales de la mutualité. Un grand pas était fait.

L'année suivante, M. Porson, président de l'Union, était chargé de rédiger, pour la Ligue de la Prévoyance, un projet type d'organisation médicale et, quelque temps après (1), la commission mixte des médecins et des mutualités décidait que la rémunération serait faite à la visite, mais que les Sociétés resteraient libres de recourir suivant l'état de leur caisse, soit au système de l'abonnement, soit à un système mixte.

Le système à forfait était repoussé et l'entente se faisait sur « le libre choix du médecin par le malade, le libre consentement du médecin et la rémunération de ce dernier proportionnellement aux services rendus ». C'était l'élaboration du contrat collectif national.

Le rôle des syndicats s'est également affirmé dans le même sens auprès des pouvoirs publics et la loi du 1er avril 1898, relative aux Sociétés de Secours Mutuels, a fait place dans le conseil supérieur des Sociétés de Secours Mutuels institué par le ministère de l'Intérieur à un « membre de l'Académie de Médecine, désigné par l'Académie, et un représentant des syndicats médicaux, élu par les délégués de ces syndicats dans les formes qui seront déterminées par un règlement d'administration publique ».

(1) *Revue de la Prévoyance et de la Mutualité*, année 1897, p. 283.

Un décret en date du 13 juin 1899 a fixé le mode d'élection. Le représentant doit avoir été, pendant cinq ans au moins, membre d'un syndicat médical. Il est élu par les délégués des syndicats.

Le nombre des délégués est calculé sur le chiffre total des membres de chaque syndicat dans les proportions suivantes : jusqu'à 30 membres : un délégué ; de 31 à 100 membres : 2 délégués; au-dessus de 100 membres, le nombre de 2 délégués est augmenté d'un, par 100 membres.

Les délégués sont choisis par les assemblées générales des syndicats.

L'élection a lieu à la majorité absolue des suffrages exprimés.

Résultats.

Il suffit de jeter les yeux sur les rapports officiels, sur les opérations des Sociétés de Secours Mutuels, pour se convaincre des avantages procurés par les syndicats médicaux à leurs membres dans le service des Sociétés.

Le rapport pour l'année 1895 notamment se plaint amèrement de l'augmentation des frais de maladie. En 1895, en effet, les honoraires médicaux ont coûté 141.793 francs de plus qu'en 1894, même constatation pour les frais pharmaceutiques et les indemnités pécuniaires de maladie. L'ensemble de l'augmentation est de 900.000 francs en chiffres ronds.

« Et aucune cause épidémique ne peut être invoquée pour couvrir cette anomalie. » dit le rapport.

« Jusqu'à ces dernières années, les médecins traitaient généralement à forfait avec les Sociétés de Secours Mutuels au moyen de l'abonnement. Les syndicats médicaux se sont efforcés de substituer à l'abonnement le système de la visite qui consiste à payer les médecins en raison du nombre des visites qu'ils font aux malades. Il est à présumer que la triple augmentation des frais médicaux, pharmaceutiques et indemnitaires, provient en grande partie de cette substitution, parce que les médecins sont incités de la sorte à multiplier leurs visites, et que chacune motive une ordonnance suivie d'un repos plus ou moins justifié des malades, c'est la seule explication plausible que l'on puisse trouver à la progression normale des frais de 1895 sur 1894. »

Le tableau ci-contre, dont les chiffres nous sont fournis par les différents rapports officiels présentés au Président de la République par les ministres de l'Intérieur, montre les résultats progressivement obtenus par les syndicats relativement aux taux de la rémunération.

MOYENNES GÉNÉRALES DES HONORAIRES MÉDICAUX		
ANNÉES	PAR MALADES	PAR MEMBRES PARTICIPANTS
	Sociétés approuvées	
1890	8.94	3.26
1891	9.59	3.18
1892	9.52	3.18
1893	9.33	3 12
1894	9.59	3.14
1895	10.63	3.71
1896	11.19	3.57
1897	10.86	3.65
1898	10.40	3.58
1899	10.73	3.60
1900	10.71	3.66
	Sociétés autorisées	
1890	6.57	2.52
1891	6.86	2.41
1892	7.12	2.40
1893	6.54	2.44
1894	6.93	2.42
1895	10.71	3.80
1896	11.60	3.87
1897	10.69	3.24
1898	11.16	3.45
1899	10.42	3.49
1900	12.54	4.11

Rapports particuliers des Syndicats médicaux avec les Compagnies d'assurances.

Les Compagnies d'assurances forment le groupe de collectivités que les syndicats médicaux ont le plus âprement combattu et le plus légitimement. On peut discuter les motifs et les résultats de l'action syndicale contre les mutualités ou l'assistance publique qui sont

la mise en pratique du principe de solidarité dans un
but généreux de réparation des injustices sociales ;
il n'en saurait être de même pour la lutte engagée
contre les Compagnies d'assurances qui sont avant tout
de grandes entreprises financières puissantes et riches,
n'ayant souvent en vue qu'un but de lucre et de spécu-
lation et pour lesquelles le secours des blessés n'est
qu'un moyen de distribuer de gros dividendes.

Pourtant c'est sous couvert de philanthropie qu'elles
ont tout d'abord essayé d'apitoyer le médecin et de
lui faire consentir à leur profit le tarif de l'assistance,
essayant quelquefois même de le lui faire réduire
encore. Toujours, quand elles ont rencontré le médecin
isolé, elles lui ont imposé des forfaits ridicules, tantôt
en agissant par ruse, tantôt en faisant entrevoir la
possibilité de la concurrence d'un nouveau médecin
appelé et payé par elles.

Une enquête faite par les soins du Syndicat des médecins du Finistère au début de 1893, nous montre tout
ce qu'il y a de défectueux et de désavantageux pour les
médecins dans la manière dont sont alors réglés les
rapports avec les Compagnies d'assurances.

Les seuls médecins ne se plaignant pas alors des
Compagnies d'assurances, sont ceux qui se bornent aux
assurances pour accidents et encore sont-ce ceux des
villes qui ont des hospices à portée où ils peuvent
diriger les blessés impuissants à se faire soigner chez
eux. Mais les praticiens ruraux se plaignent des prétentions des malades mal instruits par les Compagnies

d'assurances de leurs droits et de leurs devoirs.

Faute d'affichage permanent sur les chantiers des conditions qui leur sont faites, les ouvriers entendent être pourvus par le médecin inspecteur de tout ce que comporte leur traitement, alors que celui-ci ne leur doit d'après les statuts (1) que le pansement sommaire du début à la première visite d'inspection et le certificat nécessaire à la réadmission au travail après deuxième visite. Il en résulte pour les médecins isolés dans leur commune et qui font en même temps la pharmacie, une perte matérielle de toutes les fournitures que Compagnies et malades refusent invariablement de solder. De plus un certain nombre de Compagnies laissent beaucoup à désirer comme régularité et facilité de paiement, et élèvent des objections fatigantes pour le règlement des honoraires médicaux.

Quant aux Compagnies assurances Vie, les médecins trouvent les honoraires qu'elles leur offrent trop inférieurs à la valeur du concours que ces Compagnies leur réclament, surtout en ce qui concerne des assurances ouvrant des droits à des polices de mince valeur.

Dans ces cas, les plus nombreux, les Compagnies réclament alors au médecin les mêmes documents que pour les plus productifs comme valeur de l'assurance et prétendent indûment réduire le salaire de leur conseil médecin. Cette prétention jointe aux mille détails plus ou moins compromettants de l'intervention médicale

(1) Il s'agit des statuts de la Compagnie d'Assurances qui réglaient le service médical avant la loi de 1898.

vis-à-vis des Compagnies (questionnaire ridiculement
détaillé, rapports innombrables, retard dans le solde
des comptes d'honoraires, contestations sur tel ou tel
détail d'appréciation purement médicale, etc.) font que
la plupart des médecins refusent toutes relations avec
ces Compagnies qui se croient autorisées vis-à-vis d'eux
à la plus tracassière ingérence et pourvues des droits
les plus autoritaires.

En général, les médecins voudraient que les Compagnies témoignassent plus de confiance en eux et sussent
compenser ce que leurs avis confidentiels peuvent
avoir de compromettant pour leur propre situation
d'une façon plus équitable ; plusieurs observent que
leur rôle pouvant dans certains cas dominer la négocia-
tion à intervenir, il serait de toute justice que les
Compagnies leur tinssent un compte proportionnel du
du parti qu'elles peuvent tirer de leur avis, soit en
concluant, soit surtout en repoussant les demandes
d'assurance ; en un mot ils voudraient que les Compagnies les intéressassent directement à leurs opérations,
sachant ainsi reconnaître la valeur de leur concours,
même en se réservant au besoin certaines revendications pour le cas où elles auraient été engagées mala-
droitement par la faute du médecin.

L'Union des Syndicats (1) après l'assemblée générale
de 1895, signifie aux Compagnies d'assurances qu'elle
invitait ses affiliés à leur appliquer le tarif minimum

(1) D' J. Nom, *Aperçus historiques sur l'Union des Syndicats médicaux de France.*

de la région et à faire payer cinq francs chaque certificat qu'elles réclamaient. Elle laissait dans ses circulaires entrevoir la possibilité d'une entente avec des délégués des Compagnies.

Mais les prétentions ridicules que celles-ci émirent et la violence des attaques qu'elles dirigèrent dans la presse contre les médecins et en particulier contre l'Union des Syndicats empêcha toute entente loyale, toute élaboration de contrat collectif.

Ce sont les syndicats locaux qui pied à pied ont mené la bataille partout ils ont eu affaire à rude partie et souvent la victoire est restée indécise.

Les revendications syndicales sont à peu près les mêmes que celles adressées aux Sociétés de Secours Mutuels : rémunération à la visite et libre choix du médecin laissé aux blessés.

La loi du 9 avril 1898, concernant les responsabilités des accidents dont les ouvriers sont victimes dans leur travail leur a donné gain de cause sur différents points. Elle reconnaît, en effet, au blessé le droit de choisir son médecin, dans son article 4. « Quant aux frais médicaux et pharmaceutiques, si la victime a fait choix elle-même de son médecin, le chef d'entreprise ne peut être tenu que jusqu'à concurrence de la somme fixée par le juge de paix du canton conformément aux tarifs adoptés dans chaque département pour l'assistance médicale gratuite. »

Au lieu de mettre un terme au conflit cet article semble au contraire l'avoir envenimé. D'une part, les

Compagnies n'entendent pas se soumettre de bon gré à la règle du libre choix et les médecins, d'autre part, considèrent comme insuffisant et dérisoire le taux de rémunération imposé.

Les Compagnies font afficher dans les ateliers des instructions par lesquelles elles ne se bornent pas seulement à indiquer le médecin de leur choix qui leur a consenti un tarif réduit, mais aussi où elles déclarent que les malades ne doivent avoir recours qu'à ce médecin à l'exclusion de tous autres, sous peine de perdre le droit à leur indemnité.

Des circulaires sont envoyées par elles aux blessés (1):
« J'ai l'honneur de vous informer que vous devez vous faire soigner par le Docteur A. de X. jusqu'à complète guérison de vos blessures. »

Et si le blessé ne se rend pas à cet ordre, elles ne ne craignent pas de le mettre en demeure et de le menacer :
« M. le Docteur A. nous fait connaître que vous vous refusez à vous laisser examiner. Je vous préviens qu'au cas où vous ne vous rendriez pas à sa consultation, nous vous considérerons comme guéri à la date du 4 novembre et que nous arrêterons votre indemnité à partir de cette date. »

Les syndicats ont riposté de même façon en faisant passer des notes dans les journaux, faisant connaître aux ouvriers l'étendue de leurs droits.

(1) V. le Bulletin officiel du Syndicat des Médecins de la Seine, 1900.

Le Syndicat de la Seine a fait notamment placarder l'avis suivant :

« Le Syndicat des médecins de la Seine a l'honneur de rappeler aux blessés du travail qu'en vertu de la loi du 9 avril 1898 sur les accidents du travail :

« 1° Le blessé a le droit de choisir son médecin et son pharmacien ;

2° Le patron est tenu de payer le médecin et le pharmacien choisis par le blessé ; en aucun cas le patron ne peut imposer un médecin à l'ouvrier ;

« 3° Le médecin de la Compagnie d'assurances n'a aucun droit spécial pour soigner le blessé ou pour établir le certificat d'accident qui peut être fait par le médecin du blessé ;

« 4° L'hôpital ou les dispensaires ne peuvent, en aucun cas, être imposés au blessé. Celui-ci a le plus souvent tout avantage à se faire soigner chez lui par son médecin habituel ;

« 5° Le bulletin remis au blessé au moment de l'accident est une pièce sans importance destinée à diriger le blessé chez le médecin de la Compagnie où il n'est pas obligé d'aller. Il peut être égaré et détruit sans que le blessé perde aucun de ses droits à l'indemnité. »

Rapports particuliers des Syndicats médicaux avec l'Assistance publique.

L'article 13 de la loi du 9 novembre 1892 a refusé aux médecins le droit de se syndiquer contre l'État, le département et les communes, dans le but de faciliter à ces collectivités l'organisation du service de l'assistance médicale et d'empêcher les médecins coalisés de leur imposer des tarifs d'honoraires trop élevés et peu en rapport avec le but charitable de la loi de 1893.

L'avenir n'a pas justifié cette crainte de syndicats médicaux, il n'y a pas eu depuis 1892 un seul exemple de syndicat de médecins poursuivi ou dissous du fait d'une contravention à la prohibition de l'article 13 *in fine*. Cet article est resté lettre morte.

Bien mieux, de nombreux exemples nous montrent que ce sont les communes, les conseils généraux qui, de leur propre mouvement se sont adressés aux syndicats médicaux constitués, pour leur demander de collaborer à l'organisation du service médical de l'assistance, et le fait le plus frappant est le contrat passé entre le conseil général du département de Lot-et-Garonne et le Syndicat départemental des médecins, contrat par lequel le service de l'assistance médicale gratuite du département est pris à forfait et organisé par le Syndicat lui-même, moyennant une somme annuelle de 50.000 francs.

Il semble que cette restriction, qui semblait lors du vote de la loi d'une portée immense aux yeux des législateurs, se trouve par l'usage et faute de jurisprudence, réduite au droit seul d'ester en justice contre l'Etat, les départements et les communes.

Malgré cette restriction, le rôle des syndicats médicaux a été très important dans le règlement des

rapports des médecins et de l'assistance publique.
Les deux formes d'assistance, à l'hôpital et à domicile
ont été les motifs de l'action syndicale.

Les abus de l'hospitalisation et des consultations gratuites dans les grandes villes.

Les abus de l'hospitalisation gratuite ont ému les
syndicats.

L'hôpital n'inspire plus en effet l'horreur d'autrefois ;
la propreté qui y règne, les soins éclairés que les
grands médecins et les chirurgiens y distribuent jour-
nellement, y attirent au contraire un grand nombre de
malades.

On a agrandi les services déjà existants ; on en a créé
de nouveaux sans pouvoir diminuer l'encombrement.
Le nombre des malades pourtant n'augmente pas, il
tend même à diminuer par suite du progrès de l'hygiène
et de la prophylaxie. Mais les gens aisés préfèrent se
faire soigner là sans bourse délier, se faire hospitaliser
dans les services de chirurgie à leur choix, grevant
sans remords le budget des pauvres et frustrant le
corps médical des honoraires qui devraient lui revenir.

Le Syndicat des médecins de la Seine et l'Union des
Syndicats s'occupèrent particulièrement de cette question, réclamant un contrôle efficace de la situation de

fortune des malades et des blessés demandant leur
admission et portèrent leur réclamation par des délégués auprès des pouvoirs publics, des commissions,
des municipalités. L'Union des Syndicats envoya des
délégués aux Congrès nationaux d'assistance de Lyon
en 1894 et de Rouen 1897, et réussit à faire voter des
conclusions tendant à réprimer ces faits.

En 1897, le Gouvernement jugea utile d'appeler à
siéger au conseil supérieur de l'Assistance publique
le président sortant de l'Union des Syndicats,
M. le docteur Porson, qui, s'appuyant sur les votes
précédents émis aux Congrès nationaux d'assistance,
fit admettre par le Conseil supérieur, dans le nouveau
règlement intérieur des hôpitaux et hospices, le principe de l'hôpital aux seuls pauvres et de l'obligation
pour le malade aisé exceptionnellement admis,
d'honorer le médecin ou le chirurgien qui lui aurait
donné ses soins.

En même temps, le Syndicat des médecins de la
Seine obtint du directeur de l'Assistance l'application
d'affiches, dans les locaux des consultations hospita-
lières rappelant au public que les indigents et les
nécessiteux seuls ont droit aux soins gratuits.

Et une circulaire du 22 novembre 1902 de
M. Combes, ministre de l'Intérieur, est venue consacrer
officiellement toutes ces mesures.

Le conseil supérieur de l'Assistance publique, dans
sa séance du 12 juin 1902, sur le rapport du docteur
Laude, adoptait la proposition suivante :

« Pour les malades hospitalisés à la suite d'accidents de travail régis par la loi de 1898, les hôpitaux percevront, dans leurs recettes générales, pour frais de traitement :

« 1° Un prix de journée d'entretien, arrêté annuellement par le Préfet à raison de la dépense réelle et excluant les frais médicaux et pharmaceutiques.

« 2° Les frais médicaux et pharmaceutiques au tarif fixé par le règlement départemental sur l'assistance médicale gratuite ou à défaut par les usages locaux. »

L'assistance médicale gratuite.

La loi du 15 juillet 1893 sur l'assistance médicale gratuite a donné de grandes préoccupations aux syndicats médicaux ; elle a organisé d'une façon nouvelle l'assistance, elle n'a point imposé de système unique de rétribution pour les médecins ; elle a laissé aux conseils généraux le droit de le réglementer et, par conséquent, de décider que tel ou tel mode serait employé. Cependant, ni le préfet, ni le conseil général ne pouvaient facilement faire seuls ce choix, sans consulter les médecins si intéressés dans l'application de la loi nouvelle.

Le champ était donc ouvert à l'initiative des Syndicats qui posèrent en principe le libre choix du médecin et le système à la visite avec tarif kilométrique.

Dans le but de rendre plus facile le travail d'organisation du nouveau service, le ministre de l'Intérieur avait fait préparer par le conseil supérieur de l'Assistance publique un type départemental qu'il avait adressé aux préfets, le 19 juillet 1894.

Ce règlement type officiel divisait le département en circonscriptions devant avoir chacune un médecin chargé de donner ses soins aux indigents, nommé par le préfet pour 3 ans, et rémunéré à la visite.

Ce principe de la circonscription était en opposition absolue avec le principe égalitaire préconisé par les syndicats ; il créait en effet un privilège pour le médecin choisi par le préfet, au grand détriment des confrères et des indigents eux-mêmes.

« La seule circonscription logique, déclare le Syndicat du Calvados, dans un rapport au préfet, est celle de chaque médecin qui accepte de faire partie du service de l'assistance.

« Puisque le tarif kilométrique doit être établi d'après la distance entre la demeure de l'assisté et la demeure du médecin de l'assistance le plus proche, — la liberté de choix du malade est réglementée par ceci : que le médecin de l'assistance qui accepte de le soigner consentira à être taxé suivant la distance du médecin le plus rapproché.

« Il ne doit pas y avoir de circonscriptions, car les divisions territoriales assignées à un ou deux médecins, ne doivent pas être fermées à un nouvel arrivant. Un médecin nouveau, s'établissant dans un pays quelconque et désirant faire partie de l'assistance, doit avoir autant de droits à y être employé que les confrères plus anciennement établis dans le pays.

« L'assemblée propose donc la radiation pure et simple de l'article établissant la circonscription. »

A ce type officiel d'organisation les syndicats opposaient un système qui, bien avant la loi de 1893, était employé à la satisfaction de tous dans deux départements, qui diffèrent complètement comme richesse et comme situation géographique, les Vosges et les Landes, et qui ne présentait pas l'inconvénient de la circonscription.

Dans beaucoup de départements une entente se faisait aussitôt entre l'administration et les syndicats médicaux. Dès 1894, sur 49 départements qui avaient voté l'application de la loi, 31 avaient adopté le système vosgien ou landais sur les principes émis par les Syndicats.

Et en 1895, s'il faut en croire un travail du docteur P. Jammes, conseiller général de la Dordogne, sur 72 départements, 34 adoptaient le système vosgien, 28 adoptaient un système par circonscription ou mixte et 12, le système cantonal (1). Ces derniers en créant des médecins cantonaux espéraient déterminer ainsi quelques médecins à s'installer dans des régions peu

(1) Le comité de mendicité avait déjà dans son projet d'organisation de l'Assistance, adopté cette institution des médecins cantonaux, auxquels il voulait allouer un traitement de 100 livres et qui devaient donner gratuitement leurs soins aux malades inscrits sur la liste d'indigence. (1re partie du 4e Rapport de La Rochefoucauld-Liancourt.)

peuplées et très pauvres, dépourvues de tout secours médical.

Dans la grande majorité de départements, les principes des syndicats médicaux étaient donc adoptés, après entente, et le directeur de l'Assistance et de l'Hygiène publiques, constatait dans son rapport pour 1895, que l'intervention des syndicats avait heureusement facilité l'application de la loi.

C'est ainsi par exemple qu'en janvier 1895, le conseil général de la Mayenne adoptait avec quelques modifications de détails seulement le projet élaboré et présenté par le Syndicat de Laval.

Dans les départements de Loire-Inférieure et de Vendée où le docteur Mignen s'occupait particulièrement de la question, l'entente entre les Syndicats et l'administration départementale se faisait facilement.

Si quelque conflit survenait, comme il arriva à Joigny, par exemple, à la fin de 1895, il ne tardait pas à s'aplanir par l'intervention de l'Union des Syndicats et de l'administration centrale.

Au 1er janvier 1900 (1) il n'y avait plus que 3 départements où l'organisation nouvelle ne fonctionnait pas. Les médecins étaient choisis par les assistés dans 57 départements (45 en 1897) et le service médical était assuré suivant le système dit par circonscriptions dans 26 départements (29 en 1897). Dans un département,

(1) *Rapport pour 1897-1898 et 1899*, par M. Monod, directeur de l'assistance et de l'hygiène publiques.

l'Eure-et-Loir, les deux systèmes étaient pratiqués parallèlement.

A cette même date, 1ᵉʳ janvier 1900, les médecins étaient payés à la visite dans 58 départements et par abonnement dans 22.

Le caractère philanthropique et charitable du service de l'assistance aux indigents est sans doute la principale raison qui a poussé les syndicats à accepter souvent un contrat collectif transactionnel par rapport aux principes du libre choix du médecin par le malade et du système à la visite avec tarif kilométrique. Nous en avons un exemple récent de grande importance.

Depuis 1901 le Lot-et-Garonne, où ne fonctionnait pas encore, le service d'assistance de la loi de 1893, a organisé ce service de façon toute nouvelle.

Jusque là, le conseil général avait toujours craint de détruire l'équilibre de son budget en appliquant cette loi, et les médecins avaient continué par pure philanthropie, d'assurer les soins médicaux aux indigents de leur clientèle.

Pressé par le ministre de l'Intérieur, le conseil général prenait enfin la résolution d'appliquer la loi.

D'autre part, l'entente était facilitée par ce fait que 119 médecins sur 120 dans tout le département appartenaient au Syndicat médical du Lot-et-Garonne (1).

Renonçant aux différents systèmes en usage dans les autres départements, rémunération à la visite, à l'abonnement, nomination de médecins fonctionnaires chargés

(1) *Anjou Médical*, 1903.

chacun d'une circonscription, honoraires particuliers aux opérations chirurgicales, le conseil général traitait à forfait et directement avec le Syndicat médical, moyennant un prix annuel de 50.000 francs.

Cette somme, versée directement dans la caisse du Syndicat, doit servir à constituer une caisse de retraite destinée à assurer une pension de 1.200 francs aux médecins âgés ou infirmes ; à laisser à la mort d'un syndiqué une somme voisine de 700 francs à sa femme ou à ses enfants et enfin à la création d'autres œuvres de bienfaisance.

Les efforts des syndicats, en matière d'assistance, n'ont pas été vains.

La collaboration des syndicats à l'organisation du service d'assistance a amené un relèvement progressif et général des honoraires de médecins. Ainsi en quatre années, de 1896 à 1899, les dépenses médicales ont augmenté de 50 0/0 dans l'Oise (1), de 28 0/0 dans la Seine-Inférieure et de plus de 100 0/0 dans le Calvados.

Le coût moyen du traitement d'un assisté mentionné dans les différents rapports du directeur de l'Assistance et l'Hygiène publiques est en progression constante ; en effet il a été de :

en 1895 — 13.10

1896 — 14.63

1897 — 15.22

(1) Em. Dupont, *Le service de l'assistance médicale gratuite.*

Oise : années	1896	1897	1898	1899
Dépenses médicales :	44.496 fr.	44.710 fr.	60.677 fr.	68.337 fr.
Nombre d'inscrits :	15.275	17.188	18.974	19.824

en 1898 — 15.52
1899 — 16.32

C'est le système à la visite surtout qui a permis aux syndicats d'obtenir un relèvement de la rémunération médicale, qui entre pour une grosse part dans ces chiffres de coût moyen.

Le rapport officiel s'en rend très justement compte et se plaint amèrement à ce sujet :

« Les abus de détails auxquels a donné lieu l'exécution de la loi de 1893, dit-il, en ce qui touche le fonctionnement de l'assistance à domicile, abus que faisait pressentir l'augmentation anormale des frais médicaux et pharmaceutiques, ont appelé tout particulièrement l'attention des administrations préfectorales.

« Les principaux abus signalés résultent :

« 1° Du nombre exagéré des visites du médecin, quand le médecin est rémunéré à la visite ;

« 2° Du gaspillage des médicaments et aussi des ordonnances coûteuses prescrivant des remèdes compliqués ou d'un prix élevé. »

Il n'y a point toujours, d'ailleurs, de sanction efficace contre les abus. L'autorité préfectorale n'est pas désarmée quand le médecin a été désigné par le préfet, l'autorité qui nomme a par là même le droit de révocation et la radiation ne souffre pas de difficultés.

Mais il en est autrement quand les praticiens sont au choix de l'assisté. Un arrêté du conseil d'Etat, statuant au contentieux, en date du 9 mars 1900, a en effet

annulé l'arrêté du préfet de l'Eure du 19 avril 1898 et
la décision ministérielle du 21 juillet 1898, relatifs à la
radiation d'un pharmacien de la liste de l'assistance
médicale gratuite.

SECTION II

Amélioration des conditions générales d'exercice de la médecine.

Le syndicat forgé pour la lutte et dirigé d'abord
contre les collectivités, a utilisé par la suite son organisation, pour le règlement de tous ses rapports, soit
avec ses membres, soit avec les non-syndiqués, soit
avec les particuliers, soit enfin avec les pouvoirs
publics et l'administration.

Il devient un organisme plus complexe. En même
temps que se produit cette extension dans son action,
se précise une spécialisation par la division du travail,
la création de services spéciaux et de commissions permanentes chargées spécialement de l'étude et de l'élaboration d'une partie de la tâche complexe. Le nombre
de ces services varie suivant les circonstances et le
nombre des syndiqués.

Ainsi au 15 janvier 1904, le Syndicat des médecins de la Seine possédait neuf commissions permanentes :

1° Mutualités et accidents du travail ;

2° Assistance publique ;

3° Rapports avec les pharmaciens, dentistes, sages-femmes ;

4° Remplacements, postes vacants ;

5° Recouvrements d'honoraires médicaux.

6° Exercice illégal ;

7° Rapports avec la presse ;

8° Caisse d'assistance professionnelle ;

9° Recouvrements des honoraires des accidents du travail.

Le président du Syndicat et le secrétaire général font partie de droit de toutes les commissions, ce qui tend à donner à l'ensemble une certaine unité de vues et l'homogénéité indispensable.

Rapports avec les particuliers

Les tarifs d'honoraires, enregistrés par les différents contrats collectifs intervenus entre les syndicats médicaux et les collectivités, ont été peu à peu généralisés par certains syndicats locaux à toute leur clientèle, comme un tarif minimum, au-dessous duquel le médecin ne pouvait décemment faire descendre le prix de sa rémunération. Ainsi le contrat collectif de travail précis a tendu peu à peu à devenir un contrat collectif général, limitant non seulement la concurrence des médecins vis-à-vis des collectivités, mais encore relativement à l'ensemble de la clientèle.

Contrat imparfait, simple pollicitation sans doute, résultant de la volonté d'une seule des parties, mais qui se complète par l'adhésion facile du client qui a recours au médecin syndiqué en toute connaissance de cause.

L'idée du tarif minimum d'honoraires est d'ailleurs aussi ancienne que les syndicats eux-mêmes, et elle figure déjà sur le programme initial du *Concours médical* (1).

Ce fut le Dr Auguste Cezilly, lui-même, qui ouvrit la rubrique dans ce journal en publiant une appréciation de Francisque Sarcey, sur l'adoption d'un tarif uniforme par les médecins d'une petite ville.

Le Dr Ridreau proposa ensuite toute une réorganisation de la médecine, d'après un système de rémunération générale à l'abonnement, — idée qui n'a pas cessé d'être défendue très brillamment depuis, et qu'un groupe de médecins essaie actuellement d'appliquer à Paris (2), mais que la politique générale des syndicats et de l'Union des Syndicats ont toujours violemment repoussée, comme contraire aux intérêts communs des malades et des médecins et comme immorale, incompatible avec l'esprit libéral de la profession.

Le premier tarif uniforme semble avoir été élaboré par le premier syndicat, celui de Montaigu (Vendée).

(1) V. Dr Maurat. *Concours médical,* 1901.
(2) *L'Union médicale.*

avant même sa constitution définitive. On lit, en effet, dans une lettre adressée par le Dʳ Mignen au *Concours médical* : « Nous avons rédigé un tarif, mes confrères et moi ; nous allons le mettre en pratique dès que sera créé notre Syndicat cantonal, qui, décidé en principe, existera de fait, quand le *Concours* nous aura envoyé les documents annoncés. »

Ce premier contrat collectif, local, appliqué à la seule circonscription du syndicat, s'est peu à peu étendu et unifié à plusieurs syndicats, de la même région d'abord, puis a tendu même à une généralisation plus grande encore, en vue d'une application au pays tout entier.

Le travail d'ensemble le plus important a été fait à une date récente, avec des éléments fournis par de nombreuses associations (1), par le président du Syndicat médical de l'arrondissement de Versailles, le Dʳ Jeanne, qui combina tous ces documents, pesa toutes les données, établit des moyennes minima pouvant s'appliquer dans toutes les régions.

Ce tarif général minimum des honoraires médicaux a été très discuté.

Si vous acceptez ce tarif, a-t-on dit, vous entravez votre liberté (2)! En outre, vous compromettez la dignité professionnelle, enfin les circonstances font

---

(1) Notamment la Société des Médecins du Doubs et de la Franche-Comté, l'Association locale de la Gironde, le Syndicat du Rhône, la Fédération des Syndicats du Nord, le Groupe des Médecins de Fécamp, les Sociétés de Spécialistes de Paris, Rouen, Bordeaux, etc.

(2) Dʳ Dignat.

varier à l'infini le prix du travail médical : la position de fortune du client et la situation du médecin, l'importance de la maladie, la difficulté du traitement, le danger que le médecin a couru, le temps qu'il a perdu et les résultats qu'il a obtenus.

Le tarif a tenu compte de toutes ces observations et des conditions particulières du travail médical. Il a fixé un minimum, au-dessous duquel le médecin ne peut descendre « sans faillir à la dignité professionnelle ni sans jeter la déconsidération sur les services rendus à la société ».

Avec ce tarif comme base, il a divisé la clientèle en cinq catégories et appliqué à chacune d'elle un coefficient variant suivant la situation de fortune des malades.

1° Correspondant au tarif minimum :

L'ouvrier, auquel son salaire permet de vivre et d'élever sa famille tout en faisant quelques économies bien modestes. Le tarif de la visite est de 2 francs.

2° Les personnes qui vivent avec un *peu d'aisance* et que ne ruineront pas plusieurs mois d'incapacité de travail : 3 francs.

3° Les *rentiers, commerçants importants, industriels,* etc., dont le budget peut déjà porter, d'une façon permanente, un crédit pour la maladie : 4 francs.

4° Les *riches* qui donnent au luxe un quart ou un tiers de leurs revenus : 5 francs.

5° Les *millionnaires* qui dépensent sans compter pour la ruine de leur santé et peuvent être tout aussi larges pour sa réparation : 10 francs.

Tous les prix varient dans cette proportion : 2, 3, 4, 5, 10, suivant chacune de ces cinq classes.

En outre, ils varient selon la notoriété et le rang social du médecin, suivant le principe du « living wage » anglais, et encore suivant la distance à parcourir et les diverses circonstances matérielles. qui accompagnent la visite ou l'opération.

Ainsi la visite simple sera tarifée dans les cinq différentes classes :

Pour le simple docteur ou officier de santé : 2, 3, 4, 5 et 10 francs.

Pour le médecin spécialisé, mais d'une notoriété encore locale : 4, 6, 8, 10 et 20 francs.

Pour un maître ou une célébrité : 20, 30, 40, 50 et 100 francs.

Les visites de nuit sont tarifées au double.

Ce tarif général minimum des honoraires médicaux a été adopté par la majorité des syndicats et tend à se généraliser de plus en plus, comme base d'un contrat collectif général.

La répression de l'exercice illégal

La personnalité civile conférée aux syndicats par la loi de 1884 et qui leur a permis de résister si efficacement aux collectivités, leur a permis encore de poursuivre avec succès la répression de l'exercice illégal.

Le syndicat peut, en effet, non seulement formuler

sa plainte pour la défense des intérêts professionnels, mais encore réclamer des dommages et intérêts en se portant partie civile au procès, sans avoir à justifier d'un préjudice individuel causé à l'un de ses membres.

Nous avons vu que c'était là l'écueil où s'étaient heurtées les associations ; mais il faut noter que la loi de 1892 a accordé aux associations régulièrement cons-tituées, concurremment aux syndicats, pour la répres-sion de l'exercice illégal, le droit de citation directe sans préjudice de se porter, s'il y a lieu, partie civile dans toute poursuite intentée.

L'exercice illégal se trouve juridiquement établi par l'article 16 de la loi du 30 novembre 1892 :

« Exerce illégalement la médecine : 1° toute personne qui, non munie d'un diplôme de docteur en médecine..., prend part *habituellement ou par une direction suivie* au traitement des maladies ou des affections chirurgi-cales..... sauf le cas d'urgence avérée. »

Le rôle des syndicats médicaux dans la répression de l'exercice illégal a été important, mais il s'est trouvé limité dans la pratique par la nature même du délit ainsi défini.

D'une part, en effet, le tribunal ne peut condamner qu'après avoir constaté le délit même et non sa prépa-ration, la publicité tapageuse, les annonces charlata-nesques par lesquelles ceux qui exercent illégalement attirent à eux la clientèle au détriment, des médecins.

Le Syndicat de la Seine notamment qui possède une commission permanente spéciale, s'est occupé particulièrement de cette question et a fait de nombreuses démarches au Parquet, mais n'a pu obtenir aucun résultat dans l'espèce. Tout dernièrement encore, le Tribunal de la Seine l'a débouté, dans une poursuite intentée contre les grands journaux quotidiens.

D'autre part, le texte est précis : pour qu'il y ait exercice illégal, il faut, aux yeux du tribunal, que le syndicat lui apporte la preuve que l'inculpé a pris part à un traitement *habituel* ou suivi,

Or, s'il est souvent facile, ainsi que le faisait remarquer le Dr Noir, de constater un cas d'exercice illégal avec témoins prêts à déposer, il est assez souvent difficile de trouver des témoins qui veulent bien venir déposer et établir que le délit s'est produit habituellement.

Il faut remarquer encore que les plus dangereux sont ceux qui jouissent de la plus grande popularité, et que les syndicats trouvent contre eux, quand ils veulent agir, la puissante coalition de l'opinion publique, dont les rigueurs retombent souvent sur le malheureux médecin qui, le premier, s'est plaint.

On ne saurait nier pourtant l'importance des résultats obtenus. L'exemple de la lutte soutenue par le Syndicat d'Angers contre un magnétiseur montre de quelle utilité peuvent être les syndicats pour la répression de l'exercice illégal.

L'espèce présentait un caractère d'ordre général de la plus haute importance pour les médecins.

Il s'agissait, en effet, non seulement d'interdire à un

médecin non diplômé de continuer ses pratiques, mais de faire décider encore si le magnétisme tombait sous le coup de l'article 16 de la loi de novembre 1892.

Après acquittement devant le Tribunal et la Cour d'Angers, la Cour de Cassation, grâce aux efforts de l'Union des Syndicats, qui couvrit en partie les frais, annula l'arrêt et renvoya devant la Cour de Rennes qui condamna.

Rapports des médecins syndiqués entre eux et avec leurs confrères

Le rapprochement des médecins dans un légitime souci de leurs intérêts matériels ne va pas sans un résultat moral. Non seulement le contrôle de tous sur tous s'en augmente, mais les rivalités y changent de tournure. Ce que certains appétits perdent de leur acuité profite aux émulations saines et bien comprises.

L'étude des clauses pénales introduites dans le contrat syndical et l'examen du jugement du tribunal de Bourgoin, nous ont montré que les rapports entre le syndicat et ses membres étaient des rapports de souveraineté.

Ces rapports sont réglés par les statuts, et les obligations qui en dérivent, sanctionnés par la jurisprudence.

Mais la puissance qui prive le Syndicat dans ces rapports de souveraineté n'a-t-elle pas pour conséquence une atteinte grave à la liberté du syndiqué?

La question est très discutée et il semble bien que si la majorité des médecins est restée en dehors des syndicats, c'est qu'elle a été arrêtée par la crainte de ce qu'on a appelé « la tyrannie syndicale ». Cependant au Syndicat de Versailles, les clauses pénales fortifiant la discipline semblent avoir eu au contraire pour résultat d'attirer dans le groupement un grand nombre de médecins qui étaient restés jusque là à l'écart, sous le prétexte que le syndicat sans sanction était inutile et ne pouvait avoir d'autre rôle que d'émettre de simples vœux.

La part contributive de liberté de chacun y est forcément plus grande pourtant que dans toute autre association amicale de prévoyance ou de mutualité par exemple ; le syndicat est avant tout un organe de défense et de lutte ; la discipline imposée à ses membres doit être d'autant plus sévère que le groupement a besoin d'être fort et la tendance actuelle des syndicats semble bien être de renforcer encore cette discipline par l'adjonction des clauses pénales aux statuts.

Cette spécialisation nécessaire du groupement. de lutte qu'est le syndicat sera sans doute une entrave énorme au développement futur des syndicats médicaux, dans tous les milieux où la lutte aura cessé et où une œuvre plus vaste sera rêvée, mais il ne nous appartient pas de préjuger de l'avenir.

Les syndicats se sont efforcés de régler les rapports des médecins syndiqués entre eux et avec leurs confrères non syndiqués, en établissant un code professionnel du médecin certaines règles obligatoires de déontologie (1).

Ces règles primitivement élaborées par les syndicats locaux pour parer à des besoins momentanés, se sont peu à peu généralisées par l'effort des associations, des professeurs, des savants plutôt que des syndicats eux-mêmes.

Un Congrès de Médecine professionnelle et de Déontologie réuni à Paris, en 1900 s'est occupé particulièrement de cette question et a nommé une commission permanente avec mission de dresser tout un Code déontologique pour l'ensemble de la profession.

Mais c'est surtout par l'institution de juridictions arbitrales que l'œuvre des syndicats en cette matière, est intéressante.

Quand l'application de ces règles est difficile, ou qu'un cas particulier, imprévu, se présente, faisant naître quelques difficultés, il est statué par voie d'arbitrage. Il n'y a point de type précis et uniforme de commission d'arbitrage à l'intérieur des syndicats médicaux; chacun a réglé à sa convenance la juridiction. Le code exige d'ailleurs que le pacte compromissoire soit limité d'avance, quant à son objet et quant aux personnes. Cependant les statuts du Syndicat médical de

(1) « La Déontologie médicale est l'étude des droits et des devoirs du médecin; un Code de Déontologie est l'exposé des règles auxquelles doit obéir un médecin soucieux de rehausser dans l'estime publique la profession à laquelle il appartient, et conscient du dommage que la faute d'un seul peut causer à la profession tout entière. » Dr Lerehoulet : *Avant projet d'un Code de Déontologie Médicale*, dans *Revue de Déontologie*, avril 1904.

l'arrondissement de Versailles, par exemple, s'occupent particulièrement de cette question et donnent à la commission d'arbitrage une très large compétence.

La juridiction établie se nomme conseil de Famille ; elle est composée du Bureau, des syndics et des anciens présidents ; elle est chargée d'examiner, instruire, arbitrer ou juger en premier ressort tous les conflits qui surgissent entre syndiqués.

Les plaintes doivent être portées avec toutes preuves et documents précis, devant le président du syndicat, qui charge un syndic de procéder à une enquête et de faire un rapport.

Le conseil de Famille doit toujours tendre à faire accepter son rôle comme celui d'un tribunal d'arbitrage, mais s'il n'y réussit pas, l'affaire est soumise à l'assemblée générale qui, par son vote juge en dernier ressort.

L'institution de cette juridiction arbitrale tend à s'étendre de plus en plus et à régir tous les rapports professionnels.

Un exemple d'arbitrage d'une portée très étendue, vient de nous être donné, cette année même, par la Fédération du Nord, exemple très intéressant parce que dans l'espèce la sentence arbitrale a été rendue, non pas entre deux syndiqués appartenant au même groupement, mais entre un médecin et un pharmacien, appartenant par là même à deux syndicats différents (1).

(1) Voir *Concours Médical*, n° du 9 avril 1904.

Le Syndicat médical de Roubaix ayant appris qu'un pharmacien de Roubaix avait donné des soins à des blessés, victimes d'accidents du travail, porta plainte devant la Fédération des Syndicats médicaux du Nord et du Pas-de-Calais.

La Fédération, après étude du dossier, décida qu'il y avait lieu de poursuivre le pharmacien ; mais elle résolut de faire juger la question, par un tribunal arbitral, dont un arbitre serait choisi par la Fédération, un second par le Syndicat régional des pharmaciens et un troisième par le Syndicat médical intéressé.

Pour assurer l'impartialité du tribunal, il fut décidé en outre que l'un des juges, celui choisi par le Syndicat médical, ne devait pas appartenir à la profession médicale, mais de préférence au barreau ou à la magistrature.

Le pharmacien intéressé déclara accepter cette juridiction et les arbitres choisis. Il fut condamné par elle à un franc de dommages-intérêts que réclamait le Syndicat médical.

Mais cette juridiction arbitrale est encore embryonnaire et ne saurait être comparée aux tribunaux d'honneur des médecins en Prusse « qui fortement organisés et unifiés (1) par la loi du 25 novembre 1899, fonctionnent dans des conditions toutes différentes. » Le législateur a voulu donner satisfaction aux aspirations du

(1) Voir à ce sujet une étude de Karl Endrès « Les tribunaux d'honneur des médecins en Prusse » dans la *Revue du Droit Public et de la Science Politique*, année 1903.

monde médical vers une amélioration de ses intérêts
professionnels en lui accordant une représentation
régulière et légale.

En outre cette loi évite d'édicter une foule de prescriptions juridiques sous prétexte de réglementation du
corps médical ; elle ne se perd pas dans une énumération casuistique des actes considérés comme licites ou
illicites pour un médecin et diffère encore en cela des
codes déontologiques français. En effet l'avant-projet
d'un code de Déontologie médicale présenté au Comité
permanent de médecine professionnelle et de déontologie
et approuvé en partie par elle, ne contient pas moins de
112 articles et se divise en 5 sections.

1° Devoirs et droits du médecin en raison de la profession qu'il exerce.

2° Devoirs et droits du médecin vis-à-vis de ses confrères.

3° Devoirs et droits du médecin vis-à-vis de ses
clients.

4° Devoirs et droits du médecin vis-à-vis des collectivités.

5° Des honoraires médicaux.

On a pensé en Prusse qu'une telle énumération ne
pourra jamais fixer dans ses moindres détails, les
devoirs professionnels ou extra-professionnels du médecin et que partant, loin d'améliorer la loi elle ne
fera que l'encombrer. La loi se contente de formuler le
précepte général que le médecin « est tenu d'exercer
sa profession consciencieusement et tant dans cet exer-

cice qu'au dehors, de se conduire comme l'exige la considération attachée à l'état médical ». Du reste avec la
réserve que les opinions et les actes du médecin dans
le domaine politique, scientifique et religieux ne sau-
raient rentrer dans la compétence des tribunaux d'honneur (1).

Les Syndicats médicaux et les pouvoirs publics.

Il est pour les médecins des questions que ne sau-
raient contenir les bornes d'un canton ou même d'un
département. Quelques-unes sont d'ordre général et
regardent le corps médical tout entier. Il s'agit donc
d'y intéresser l'État.

Nous avons vu déjà, comment, malgré la restriction
de l'article 13 *in fine*, les syndicats médicaux ont pris
part à l'organisation du service public de l'assistance
médicale gratuite, et ont réussi à envoyer un délégué
au conseil supérieur de la Mutualité.

Ils ont aussi exercé une puissante influence sur le
pouvoir législatif et sont devenus peu à peu de véritables organes consultatifs, prenant plus ou moins
directement part aux travaux d'élaboration des différentes lois concernant l'hygiène, l'assistance, les accidents du travail et touchant de près ou de loin à la
profession médicale.

(1) Il y a un tribunal d'honneur qui forme la 1re instance pour chaque
circonscription de Chambre de médecins; l'appel a lieu à la cour d'honneur médicale de Berlin.

Le nombre considérable de médecins que comptent les deux Chambres et qui pour la plupart relèvent d'un groupement professionnel, a certainement contribué au succès de l'action syndicale.

Déjà lors du vote de la loi du 30 novembre 1892, et de son fameux article 13 qui se présentait aux syndicats comme un arrêt suprême qui décidait pour eux de la vie ou de la mort, leur action fut très grande, bien qu'ils n'eussent pas encore d'existence légale et ils trouvèrent un précieux allié dans le rapporteur même de la loi : le Dr Chevandier, de la Drôme.

Actuellement encore, les syndicats médicaux s'occupent très activement de la loi en préparation sur l'exercice de la pharmacie. Le Conseil de l'Union des Syndicats s'en occupe d'une façon permanente et différents Syndicats, comme celui de Vendée par exemple, ont étudié à fond la question et ont soumis aux membres du Parlement des observations utiles et des projets de textes nouveaux, modifiant heureusement le projet en discussion en limitant d'une manière plus précise la sphère d'action de chaque profession, des médecins qui délivrent des médicaments et des pharmaciens qui donnent des consultations.

Des démarches nombreuses ont été faites par les Syndicats et l'Union, auprès de la commission des patentes pour obtenir un dégrèvement à la patente des médecins et lors d'une dernière discussion, le docteur Pédebidou, député, a soutenu à la tribune leurs revendications.

L'action des syndicats s'est exercé encore, en dehors du Parlement, sur les différents ministères à l'occasion de l'application des lois nouvelles ou pour demander la répression de certains abus dont ils souffraient.

L'Union des Syndicats, obtient en 1893, du général Loizillon, ministre de la Guerre, une circulaire interdisant formellement aux médecins militaires d'exercer la médecine civile et de faire concurrence aux médecins praticiens, et quelque temps après, du ministre de la Marine, une mesure analogue relative aux médecins de marine.

Les syndicats médicaux et leur union, d'accord avec la Fédération des Bourses du Travail de France, ont vivement agi auprès du ministre du Commerce et de l'Industrie au sujet de l'application de loi sur les accidents du travail, relativement au libre choix du médecin par le blessé.

Au ministère de l'Instruction publique, ils ont obtenu la création d'un diplôme de docteur en médecine purément honorifique accordé dans certaines conditions aux étudiants étrangers et qui ne leur donne pas le droit d'exercer en France.

Ils sont consultés souvent par les diverses juridictions qui ont à statuer sur des questions touchant à la profession et notamment dans tous les procès relatifs au paiement d'honoraires litigieux et dans lesquels le tarif syndical est presque toujours appliqué purement et simplement.

L'examen des différentes phases de la lutte soutenue par les syndicats médicaux contre les collectivités qui les enserraient, l'étude des rapports des syndicats avec leurs membres, avec les médecins non syndiqués et avec les particuliers, l'énumération des démarches faites par eux auprès des pouvoirs publics et de l'administration, nous ont montré l'importance des efforts et de l'œuvre entreprise.

Un relèvement d'un tiers dans le taux des honoraires depuis dix ans, le contrat individuel remplacé par le contrat collectif avec ses corollaires : rémunération proportionnelle et liberté du choix de son médecin ; les conflits prévenus par la déontologie et définitivement réglés par une juridiction arbitrale intérieure ; les avantages consacrés au profit de la profession par les différentes lois nouvelles ne permettent pas de mettre en doute l'efficacité des efforts et la fécondité de l'œuvre syndicale en vue de l'amélioration des conditions matérielles de l'exercice de la profession.

Mais on est en droit de se demander si ces nombreux avantages n'ont pas été recueillis aux dépens de quelque classe sociale ou de la Société tout entière et c'est un devoir même d'apprécier leur rôle au point de vue des intérêts généraux.

Et d'abord, les collectivités : Sociétés de Secours

Mutuels, Compagnies d'Assurances, Assistance Publique, n'ont-elles pas, contraintes par la grève et la nécessité, accepté des marchés de dupes, des conventions léonines à l'avantage des seuls syndicats médicaux ?

Les individus isolés, auxquels les syndicats tendent de plus en plus à étendre le tarif uniforme, ne sont-ils pas davantage encore à leur merci ?

Et n'est-il pas à craindre enfin, que la discipline devenant de plus en plus rigide, donnant au groupement plus de cohésion et plus de force, n'ait pour résultat d'infuser aux syndicats fortement organisés, une puissance de monopole capable de faire échec aux intérêts dispersés de la Société et de leur permettre de dicter leurs tarifs, leurs volontés sans autre frein que leur bon plaisir ?

A première vue, les syndicats médicaux apparaissent même beaucoup plus puissants que les syndicats ouvriers ; nous trouvons ici, en effet, les « employés » dans une tout autre situation vis-à-vis des « employeurs », quant à l'avantage respectif des positions. Adam Smith l'a noté pour l'industrie : « Si le patron, dit-il, a besoin d'ouvriers, il a cependant un besoin moins pressant que celui de l'ouvrier pour son salaire, d'où par conséquent une certaine cause d'infériorité pour les organisations ouvrières. » N'est-ce point la situation inverse qui se présente entre malades et médecins ? Dans la lutte économique, le médecin apparaît bien comme aussi fort que tous les malades de sa

clientèle qui ne peuvent attendre longtemps les soins
que réclame l'urgence de la maladie, mais alors la
force syndicale, formée de l'ensemble de toutes les
forces de ses membres ne semble-t-elle pas exorbitante
et capable de contrebalancer momentanément au moins
les intérêts collectifs ?

Disons tout de suite que ces craintes ne paraissent
en rien justifiées.

Malgré les conflits passagers, même les plus aigus, il
y a une grande solidarité d'intérêts entre employeurs
et employés. Si l'industrie est prospère, les salaires
augmentent en même temps que les bénéfices. Si la
moisson est belle, le cultivateur recevra largement le
prix de sa peine et le prix du pain diminuera pour tout
le monde.

Le relèvement des honoraires, dû surtout à l'adoption du système à la visite, a correspondu à des soins
plus attentifs, plus dévoués. Le médecin mieux rétribué de sa peine, l'a mesurée moins parcimonieusement.
On dit couramment dans l'industrie que le travail le
moins payé est celui qui revient le plus cher, et il en
est de même partout. Le système forfaitaire de l'ancien contrat de travail individuel, s'il satisfaisait l'équilibre budgétaire et la personne morale de la collectivité, laissait beaucoup à désirer aux malades que des
médecins peu nombreux devaient visiter rapidement
entre leurs clients ordinaires.

Les Sociétés de Secours Mutuels n'ont pas eu à se
plaindre de l'application du contrat collectif imposé.

À Lyon, à Nice, partout elles ont reconnu ses avantages en l'acceptant presque toutes successivement, et le fait que les commissions d'arbitrage instituées par le contrat pour statuer sur les litiges n'ont presque jamais siégé, est un signe du bon fonctionnement du service.

L'Assistance publique non plus. Les pauvres aussi bien que les médecins ont gagnés à la répression des abus de l'hospitalisation et des consultations gratuites. Et dans l'organisation du service de l'assistance médicale gratuite à domicile, le rôle des syndicats n'a-t-il pas été plus social que professionnel. Les invites qui leur ont été faites un peu partout par les départements n'en sont-elles pas une preuve?

Les Compagnies d'assurances, peut-être, ont éprouvé plus durement leurs atteintes dans certains cas, mais qu'importe? puisque jamais un blessé n'a été abandonné, jamais un malade même négligé.

Ce qui est en effet le caractéristique de la grève médicale, c'est qu'elle n'a point généralement d'effet pénible direct sur la «consommation», si l'on peut dire. Dans l'industrie ou le commerce, les grèves entraînent une gêne immédiate ; les produits devenant plus rares sur le marché, faute de production nouvelle ou faute de transport, non seulement haussent de valeur, mais ne suffisent plus à la consommation générale. Ici, rien de semblable, le médecin cesse tout rapport avec les collectivités, mais continue son travail.

La crainte du monopole économique semble égale-

ment une chimère. Le monopole ne peut exister et
devenir dangereux que si une entente étroite relie la
totalité des médecins, — or cette entente n'est pas possible.

Il ne faut pas oublier en effet qu'actuellement, le
nombre des médecins syndiqués atteint à peine le quart
du nombre total des médecins; que depuis quelques
années les syndicats ne semblent pas en progression
bien marquée et qu'enfin, parmi les dissidents, se trouve
au moins un autre quart absolument opposé par principe à l'idée syndicale et formant le groupe d'adversaires le plus sérieux et le plus irréductible qu'aient
jamais rencontré les syndicats médicaux.

D'autre part, des mesures répressives pourraient être
rapidement prises par les pouvoirs publics pour parer
aux menaces ou au danger s'il y avait lieu. Le privilège
dont jouissent les docteurs en médecine et les officiers
de santé, d'exercer seuls la médecine en France, ne va
pas sans une certaine dette de la profession envers la
société, dette qui justifierait suffisamment toute mesure
de répression motivée.

Mais ce qui par-dessus tout doit rassurer sur l'avenir,
c'est que jamais, jusqu'à présent, même dans les moments
difficiles, les syndicats médicaux n'ont émis des revendications qui n'étaient légitimées, et c'est enfin, que ce
qui fait la force morale des groupements médicaux :
l'esprit de solidarité, l'intelligence et l'éducation de ses
membres, est en même temps une garantie du bon
emploi de cette force.

VU :

Le Président de la thèse,

RAOUL JAY.

VU :

Le Doyen,

H. GLASSON.

VU ET PERMIS D'IMPRIMER :

Le Vice-Recteur de l'Académie de Paris,

LIARD.

INDEX BIBLIOGRAPHIQUE

1. — Aperçu historique sur l'Union des Syndicats médicaux de France. — D' Julien Noм.

2. — L'Ancienne Faculté de médecine. — A. Corlieu.

3. — Bulletin officiel de l'Union des Syndicats médicaux de France.

4. — Bulletin des Syndicats médicaux de la Seine.

5. — Bulletin de l'Association des Médecins de la Seine.

6. — Bulletin de l'Association des Médecins de France.

7. — Le Concours Médical.

8. — Compte rendu du Congrès de Déontologie, 1900.

9. — Compte rendu du Congrès de la Mutualité, 1900.

10. — Collège des Médecins de Normandie. — A. Avenel.

11. — Le contrat collectif de travail. — Raymond.

12. — Les anciennes corporations. — Ch. Ouin-Lacroix.

13. — Examen de deux registres concernant le Collège de médecine d'Orléans. — Eugène Bimbenet.

14. — Histoire de la Civilisation française. — A. Rambaud.

— 134 —

15. — Histoire des Classes ouvrières. — E. LEVASSEUR.
16. — Leçons de médecine légale. — P. BROUARDEL.
17. — Mémoires de la Société d'émulation.
18. — Organisation du service médical dans les Sociétés de Secours Mutuels.
19. — Le Progrès médical.
20. — Rapports de M. H. MONOD, Directeur de l'Assistance et de l'Hygiène publiques.
21. — Rapports officiels sur les opérations des Sociétés de Secours Mutuels.
22. — Les Rapports de l'individu et des groupements professionnels. — J. PAUL-BONCOUR.
23. — La Revue de Déontologie. — H. PAULIN et Cⁱᵉ, éditeurs.
24. — Le service de l'Assistance médicale gratuite. Em. DUPONT.

TABLE DES MATIÈRES

PREMIÈRE PARTIE

Les Syndicats Médicaux.

DEUXIÈME PARTIE

Rôle économique et social des Syndicats médicaux.

Section I

SECTION II

Imprimerie Joseph Téqui, 70, avenue du Maine, Paris.

www.ingramcontent.com/pod-product-compliance
Lightning Source LLC
Chambersburg PA
CBHW070808290326
41931CB00011BB/2169